IM WINDSCHATTEN VON JESUS

IMPRESSUM

Marienburger Str. 3
71665 Vaihingen/Enz

2. Auflage Juni 2018

eMail: verlag@grain-press.de
Internet: www.grain-press.de
Satz: Grain-Press
Cover: Grain-Press
Fotografie: Christine Kocher
Druck: CPI Germany 25917 Leck

ISBN Nr. 978-3-944 794-907

Best. Nr. 3598490

INHALT

Teil 2: Missionale Praktiken einüben

Teil 3: Weitere Tipps für einen missionalen Lebensstil

Artikel:

VORWORT

Als vor fast 2000 Jahren die Kirche von Jesus Christus am Pfingstfest in Jerusalem durch die Ausgießung des Heiligen Geistes ins Leben gerufen wurde, ahnte damals kaum jemand, welche dynamische Ausbreitung, aber auch welch schreckliche Verfolgung diese junge Bewegung erleben würde.

Innerhalb weniger Jahrhunderte wurde das römische Weltreich in allen gesellschaftlichen Ebenen von der Botschaft des Auferstandenen durchdrungen und auf den Kopf gestellt.

In großen Zahlen folgten Menschen dem Messias, weil diejenigen, die seine Liebe und verändernde Kraft erlebten, durch ihr Leben, ihre Taten und ihre Worte überall die gute Nachricht von Christus, dem Retter, bezeugten. Selbst die brutalen Verfolgungen der römischen Machthaber konnten die Verbreitung des Evangeliums nicht stoppen, sondern gossen noch mehr Öl in das Feuer der Jesus-Bewegung.

Heute dagegen schrumpft die christliche Kirche in Europa gewaltig. Bis auf wenige Ausnahmen leidet sie an Saft- und Kraftlosigkeit und ist als Institution in Traditionen und Formen erstarrt.

Deutschland hat sich 500 Jahre nach der Reformation durch Martin Luther zu einer überwiegend säkularen Gesellschaft entwickelt, in der Glaube und Kirche zur Privatsache einer Minderheit degradiert wurden.

Unser Land, von dem bis vor ca. 200 Jahren viele Missionare nach Afrika, Asien und Amerika gesandt wurden, ist inzwischen selber zum „Missionsland" geworden.

Trotz guter Ansätze und ernst zu nehmender Bemühungen in den Bereichen Evangelisation, Gemeindegründung, Gemeindewachstum und (post)modernen Gemeindeformen, ist die Zahl der Nachfolger Christi in Deutschland in den letzten Jahrzehnten auf Tiefstand geblieben.

Ich bin sehr dankbar für die zunehmend wachsenden Gemeinden mit attraktiven, zeitgemäßen Gottesdiensten bzw. evangelistischen Veranstaltungen. Sie sind wie Oasen in der Wüste und stellen wichtige Hoffnungszeichen dar.

Aus meiner Sicht ist jedoch ein noch tiefer gehendes Umdenken über das Wesen und den Auftrag der Kirche notwendig.

Jesus sendet seine Kirche in diese Welt mit dem Auftrag „Salz und Licht" zu sein.

Selbst die dynamischsten Gemeinden mit ihren attraktiven Angeboten werden nur einen Bruchteil der Bewohner einer Stadt erreichen.

Wir brauchen deshalb eine neue Einstellung bzw. ein neues Bewusstsein im Volk Gottes: Jeder(!) Nachfolger Christi versteht sich als Botschafter des Reiches Gottes in seiner Familie, seiner Arbeit, in der Nachbarschaft, in seiner Freizeit etc. Nur so können die vielen „unerreichten sozialen Netzwerke“ mit der guten Botschaft erreicht werden und sie dann in die Nachfolge Christi geführt werden.

Diese missionale Gesinnung muss sich aber vor allem durch einen missionalen Lebensstil im Alltag zeigen.

Genau hier setzt das Buch von Andreas Schröter an. Angereichert mit praktischen Erlebnissen und Tipps aus einem reichen Erfahrungsschatz in diversen Diensten in Deutschland und den USA ermutigt bzw. inspiriert der Inhalt zu einem missionalen Denken und Handeln.

Dieses Buch ist von einem Praktiker, der gerne theologisch reflektiert, für den Alltag von „normalen“ Nachfolgern Christi geschrieben. Jeder wird von diesen 40 Lektionen profitieren.

Ich habe Andreas und seine Frau Karin vor über 30 Jahren kennen gelernt, als die junge Pfarrersfamilie Schröter nach Nürnberg zog.

Schon bald waren wir als frisch verheiratetes Ehepaar von der visionären Persönlichkeit von Andreas angezogen, und wurden Mitarbeiter in dem gerade von Schröters neu gegründeten Ehe- und Familiendienst Team.F in Bayern.

Schon damals war es ihnen ein Anliegen, Ehen und Familien nicht nur zu mehr Qualität und Gesundheit zu verhelfen, sondern Menschen in die Nachfolge Christi zu rufen.

Ich habe Andreas und Karin als hingegebene Diener in Gottes Reich erlebt, die ihren Worten auch Taten folgen lassen und deshalb dem Ruf Gottes gehorsam waren, unter den Indianern Nordamerikas das Evangelium vom Reich Gottes auszubreiten.

So gaben sie die Vorzüge eines sicheren Lebens in Nürnberg auf und zogen ins Indianer-Reservat zu den Menschen, die sie mit der Liebe Gottes erreichen wollten.

In dieser manchmal sehr herausfordernden Zeit haben sie prägende Lebenserfahrungen im Dienst in einer unerreichten Volksgruppe gesammelt. Die dort gelernten Prinzipien von missionalem Handeln lassen sich genauso bei uns in Deutschland anwenden.

Jeder, der dieses Praxis-Buch liest und lebt, wird selber in seiner Christus-Nachfolge Wachstum erfahren, andere Menschen werden dadurch gesegnet und es macht auch noch Freude.

Norbert Knöll,

Leiter der Gemeinde Vaterhaus in Nürnberg und
Mitarbeiter bei den Stadtreformern.

ENDLICH DARF ICH!

Früher war ich voll Stolz, als ich mit meinem Opa samstags auf den Hof hinter seinem Haus ging und er Holz zugesägt hat. Er hatte eine Handsäge, die so groß war wie Russland. Und da stand er in der Sonne und sägte in seinem Unterhemd, bis es dunkel wurde. Ich erinnere mich, wie ich Stunden daneben stand und zuschaute und Fragen stellte. Mein Opa war leider nicht von der redenden Sorte, was aber einen 5-Jährigen nicht abhält, viele Fragen zu stellen. Auch einsilbige Antworten sind gut.

Ich glaube, ich war 7 Jahre alt, bevor ich das erste Mal meine wirkliche Frage stellte: „Darf ich auch mal?“. Nicht jeder Opa ist gut mit Worten. Meiner war es nicht. „Vielleicht bald mal“ sagte er. Und so zogen die Wochen dahin. Und dann kam der Moment.

„Willst du mal?“ fragte er mich. So ein Vogel – für was bin ich denn Monate lang daneben gestanden? Habe ich nicht Stunden neben ihm gestanden und seine Arbeit bewundert? Die wenigen Worte wollte ich ihm zurückzahlen. Also habe ich gar nichts gesagt, sondern nur genickt. Und das war mein Einstieg ins Holzsägen…

Die Jünger von Jesus waren in einer ähnlichen Lage. Monate lang zogen sie mit ihm durchs Land. Sie beobachteten.

Sie waren erstaunt. Sie wollten das irgendwie auch. Und dann kam der Moment: „Jetzt seid ihr dran!“ In Lukas 10 wird die Aussendung der 72 Jünger beschrieben. Zum ersten Mal waren sie dran – ohne Jesus an ihrer Seite. Es war der Einstieg in die Mission Jesu…

Und was Andreas Schröter in diesem Buch macht, ist diesen Moment auszupacken. Er taucht in die Anweisungen von Jesus ein und übersetzt sie für Mütter und Mieter, für Arbeiter und Studenten, für Freaks und Finanzverwalter. Was Jesus den Jüngern mitgab war praktisch. Es legte die Grundlage für ein Leben in seinem Windschatten. Und das ist auch heute noch die Anleitung für das Alltagsdesign von Amateuren. Leute wie du und ich. Wir können von diesen einfachen Anweisungen einen Schatz von Inspiration heben und das Reich Gottes darin schmecken.

Andreas hat eine große Gabe an die Menschen, die ihn kennen dürfen: er fragt beständig nach den Wegen von Jesus und wie das im Hier und Heute aussieht. Seit ich ihn kenne, verbringt er Zeit mit Gott, hört seine Stimme und liest sein Wort. Er ist ein Jünger – ein Lernender von Jesus. Ich lernte ihn kennen, als er aus Nordamerika zurückkam und unter den Indianern in Wisconsin für 12 Jahre gelebt hat. Dort hat er diese Ideen von Jesus praktiziert. Sein Leben strotzt von der Nachfolge – und daher ist dieses Buch gewachsen und gereift. Eine wirkliche Wohltat in unserer Zeit von oberflächlichen Meinungen.

Quer durch das Buch findest du ein paar Artikel und Inspirationszeilen. Als Spark Netzwerk wollen wir neu die Schönheit des Glaubens entdecken und vermitteln. Diese Berichte und Gedichte sollen dich mit auf unsere Reise einladen. Wir sind überzeugt, dass der Glaube am besten funktioniert, wenn er im Alltäglichen seine Tiefe entfalten darf – fernab von Show und Organisation, von Äußerlichkeit und Meinungsmache. An den Tischen in unseren Landen zeigt sich die Geschichte und Relevanz von Jesus auf eine Art, die überrascht und eine neue Welt öffnet. Das ist unser Traum. Das ist der Traum, im Windschatten von Jesus zu laufen.

Marlin Watling
Heidelberg, August 2017

IM WINDSCHATTEN VON JESUS

Eine einfache Anleitung für einen missionalen Alltag

ANDREAS SCHRÖTER

EINLEITUNG

Eine Frage, die mich schon seit vielen Jahren beschäftigt, ist: Wie kann man heute in seinem ganz normalen Umfeld – in der Nachbarschaft, am Arbeitsplatz, im Freundes- und Bekanntenkreis etc. – wie Jesus leben? Bei Jesus ist ja auffällig, wie er einerseits in einer innigen Beziehung zu seinem Vater im Himmel (nach oben) gelebt hat und auch in einer engen Beziehung zu seinen Jüngern – aber auch ständig Beziehungen zu Außenstehenden aufgebaut hat (nach draußen). Er hat beständig Außenstehende mit hineingenommen, mit ihnen gegessen, geredet, Wahrheiten kommuniziert, sie geheilt, ihnen die Dinge des Reiches Gottes erklärt, ihre Lasten mitgetragen und vieles mehr. Um diese „nach draußen" Dimension geht es schwerpunktmäßig in diesem Buch.

Ich habe immer wieder die Erfahrung gemacht, dass es Christen mit der Gabe der Evangelisation relativ leicht fällt, ihren Glauben weiterzugeben und anderen Menschen von Jesus zu erzählen. Auf der anderen Seite gibt es all die Christen, die diese Gabe nicht haben und sich damit schwerer tun. Die „Evangelisten" können nicht verstehen, dass man Schwierigkeiten haben kann, über seinen Glauben zu reden, und betreiben häufig „Gabenprojektion": Es müsste den anderen doch genauso leicht fallen wie ihnen! Die nicht so evangelistisch

Begabten hingegen fühlen sich dann manchmal nicht richtig verstanden oder sogar unter Druck gesetzt.

Ich möchte in diesem Buch einen Weg aufzeigen, der besonders denen von uns helfen kann, andere Menschen für Jesus zu erreichen, die sich nicht primär als Evangelisten sehen. Aber auch evangelistisch Begabte werden davon profitieren! Besonders wenn du Menschen für Jesus erreichen möchtest, ohne in ein zeitaufwändiges Programm involviert zu sein, ist dieses Buch genau richtig für dich. Einen missionalen Lebensstil kann jeder erlernen! Und er ist auch nicht abhängig davon, dass du bestimmte geistliche Gaben hast. Beim missionalen Lebensstil geht es darum, seine Gaben im Umgang mit Menschen einzubringen, die mit Jesus nichts oder nur wenig am Hut haben (also nicht nur im Gemeindekontext).

In den letzten Jahrzehnten ist viel über Werte geschrieben worden – und ich bin voll und ganz davon überzeugt, dass Werte enorm wichtig sind und uns Orientierung geben können. Das Problem ist nur, dass man über Werte reden kann, bis einem die Puste ausgeht – ohne sich unbedingt auch entsprechend zu verhalten. An der Stelle müssen wir praktisch werden – in unserem Fall mit *missionalen Praktiken*. Diese können uns helfen, die Werte, die uns wichtig sind, in die Praxis umzusetzen (z.B. Außenstehende zu erreichen, die Liebe Gottes weiterzugeben, nicht selbstzentriert zu leben etc.).

Es gab in den letzten Jahren auch viele Publikationen, in denen eine „missionale Theologie" entfaltet wurde. In diesem Buch will ich missionale Theologie praktisch werden lassen. Ich habe zwar Theologie studiert und reflektiere gern theologisch, doch verstehe ich mich in erster Linie als „missionaler Praktiker". Darum habe ich das Buch in Form von täglichen Impulsen geschrieben - angelegt auf vierzig Tage, jeweils mit Fragen und Gedankenanstößen, die zum Nachdenken und zum Umsetzen anregen.

Um es praktisch und anschaulich zu machen, flechte ich immer wieder Geschichten aus unserem eigenen Leben ein. Sie kommen zum großen Teil aus den zwölf Jahren, in denen wir als Familie in einem Indianerreservat in Nordamerika gelebt haben. Gott hat uns da vieles gelehrt, was in verschiedenen kulturellen Kontexten angewandt und gelebt werden kann. Natürlich muss man es an den jeweiligen Kontext anpassen – aber die Prinzipien dahinter sind kulturübergreifend!

Es war mir immer wichtig, Menschen für Jesus zu erreichen – sei es, als ich Theologie studiert habe oder eine missionarische Studentenarbeit geleitet habe, sei es, als ich in der evangelischen Landeskirche Vikar war und ein paar Jahre als Pfarrer gearbeitet habe oder als wir die christliche Ehe- und Familienarbeit Team.F in Bayern aufgebaut haben. Einen entscheidenden Schritt nach vorne aber erlebte ich noch einmal, als wir als ganze Familie auf das „Missionsfeld" gegangen sind - in ein Indianerreservat in Nordamerika. In den zwölf Jahren, die wir dort gelebt haben, hatten wir im Prinzip nur Eines anzubieten: unser Leben! Wir konnten eigentlich nur einen Lebensstil vorleben, durch den etwas von Jesus sichtbar wurde. Wir hatten kein attraktives Programm, nicht einmal (für viele Christen unvorstellbar) eine Lobpreisband. Nur durch die Art, wie wir lebten, konnten wir die Liebe Jesu anschaulich machen und sozusagen „verkörpern". Mit anderen Worten: Wir konnten nur „ein kleiner Jesus" sein. All das war nur möglich im Windschatten von Jesus! Er musste vorangehen - und wir hinterher.

So hat Gott uns in den zwölf Jahren in dem Indianerreservat einen ansteckenden, missionalen Lebensstil gelehrt, der über die Jahre dazu führte, dass viele Indianer zu Jesus gefunden haben. Und genau das würde ich mir wünschen: Dass du durch dieses Buch inspiriert wirst, einen ansteckenden Lebensstil zu leben – im Windschatten von Jesus und mit dem Rückenwind des Heiligen Geistes!

Die einzelnen Tage sind bewusst in eine Dreiteilung gegliedert:

„Angedacht" bringt den inhaltlichen Impuls,

„Nachgedacht" enthält Fragen, die du reflektieren kannst,

„Umgesetzt" führt in die praktische Umsetzung.

Im Mittelteil, wo es um das Einüben von missionalen Praktiken geht, werde ich diese an Hand des Akronyms SEGELN entfalten, um uns an den Rückenwind des Heiligen Geistes zu erinnern.

Natürlich kannst du gleich dort beginnen und in die missionale Praxis einsteigen. Allerdings würde ich dir dann empfehlen, den ersten Teil möglichst schnell nachzuholen, denn dort geht es um die Grundlagen: um unseren missionalen Gott und die Mission auf der er sich befindet, um Jesus selbst und sein Vorbild, dein tägliches Leben mit ihm und vieles mehr.

Noch eine Empfehlung: Wenn du merkst, dass du den Inhalt, der für einen Tag vorgesehen ist, nicht ganz verdaut oder bis zu Ende durchdacht hast, dann nimm dir am nächsten Tag oder auch in den nächsten Tagen noch Zeit dafür!

Teil 1: Dein Leben mit Jesus und erste Schritte in einen missionalen Lebensstil

TAG 1

Du brauchst einen guten „Mix" in deiner Beziehung zu Jesus!

Angedacht

Wenn wir in der Bibel lesen, erscheint uns vielleicht manches widersprüchlich oder zumindest spannungsvoll. So lädt uns Jesus einerseits ein, bei ihm zur Ruhe zu kommen – andererseits fordert er uns heraus, unsere Wohlfühlzone zu verlassen und etwas mit ihm zu wagen.

Wenn man aber tiefer darüber nachdenkt, ist es genau der richtige Mix im Hinblick auf „Einladung“ und „Herausforderung“ in unserer Beziehung zu Jesus, der unser Leben mit ihm spannend und lebendig macht!

Eine klassische Einladung finden wir in Matthäus 11,28: *„Kommt her zu mir, alle, die ihr mühselig und beladen seid; ich will euch erquicken.“* Hier sehen wir Jesus als Hirten, der uns zu sich ruft und uns erfrischen möchte.

Nur wenige Kapitel weiter, in Matthäus 14,22–33, ist eine Geschichte zu lesen, die hervorragend zeigt, wie Jesus seine Jünger herausfordert, etwas mit ihm zu wagen. Dort fordert Jesus Petrus auf, auf dem Wasser zu ihm zu kommen. Warum wählt Jesus gerade Petrus? Weil Petrus für eine Herausforderung offen und bereit ist! Er sagt: *„Herr, bist du es, so befiehl mir, zu dir zu kommen auf dem Wasser."* Das mag ich an Petrus: Er riskiert etwas mit Jesus! Ich kann mir so richtig gut vorstellen, wie Petrus mit sich gerungen hat: Soll ich den Schritt über die Bordkante wagen und wirklich auf das Wasser steigen? Vielleicht hat er sogar den rechten Fuß erst einmal vorsichtig ins Wasser getaucht, um zu sehen, ob oder wie tief er eintaucht … Eines steht jedenfalls fest: Petrus hätte nie erlebt, dass das Wasser ihn trägt – bzw. dass Jesus ihn auf dem Wasser trägt – wenn er sich nicht über die Bordkante begeben hätte! Und so ist er der Einzige von den Jüngern, der tatsächlich die prickelnde Erfahrung macht, auf dem Wasser zu gehen.

Wir brauchen in unserer Beziehung zu Jesus eine gesunde Mischung aus Einladung und Herausforderung! Wenn wir in erster Linie der Einladung Jesu in der Bibel folgen, kann unsere Beziehung zu ihm recht gemütlich und selbstzentriert werden. Wenn wir uns ausschließlich auf die Stellen konzentrieren, an denen Jesus uns herausfordert, kann das zu Stress und Hektik führen. Haben wir von beidem nur ein wenig, wird es langweilig und „tot". Wir brauchen letztlich viel von beidem – Einladung und Herausforderung von Jesus. Dann wird es lebendig und spannend und es geschieht Wachstum!

Ich kann in meinem Leben die beiden Pole „Einladung" und „Herausforderung" deutlich sehen:

Nachdem ich drei Jahre lang Pfarrer in der evangelischen Kirche in Bayern war, empfanden meine Frau und ich, dass Gott uns rief, bei der Ehe- und Familienarbeit Team.F einzusteigen und auf die Sicherheit meines festen Gehalts zu verzichten. Wir sind wie Petrus aufs Wasser gegangen. Später kam dann der Ruf, mit der ganzen Familie aufs Missionsfeld zu gehen – auch eine starke Herausforderung.

Neben diesen großen Herausforderungen gibt es die kleineren im ganz normalen Alltag, z.B. auf den Nachbarn zuzugehen und mit ihm ein Gespräch über Fragen nach dem Sinn des Lebens zu beginnen.

Andererseits habe ich auch immer wieder erlebt, wie Jesus mich einlädt, bei ihm zur Ruhe zu kommen und bei ihm innerlich aufzutanken.

Ich habe das Gefühl, Jesus fordert uns auch gerne immer wieder deswegen heraus, damit wir lernen ihm wirklich zu vertrauen. Er wählt die Herausforderungen so, dass wir merken: Wir schaffen es nicht aus eigener Kraft oder mit unseren eigenen Möglichkeiten, wir brauchen Glauben, um das zu tun, wozu er uns ruft.

Wenn du dieses Buch voller Impulse liest, wirst du merken, wie Jesus dich immer wieder aus deiner Wohlfühlzone locken wird. Wenn du dich auf diese Herausforderungen einlässt, wirst du lernen, wie Petrus auf dem Wasser zu gehen – zumindest sinnbildlich!

Nachgedacht

- Lies die Geschichte von Petrus und Jesus in Matthäus 14,22–33!
- Wie sieht es bei dir im Hinblick auf Einladung und Herausforderung aus? Was hast du diesbezüglich in den letzten Monaten erlebt?
- Wo stehst du im Augenblick in deiner Beziehung zu Jesus? Überwiegt die Einladung oder die Herausforderung?

Umgesetzt

- In welchem konkreten Bereich oder Bereichen deines Lebens empfindest du, dass Jesus dich gerade herausfordert, deine Wohlfühlzone zu verlassen?

TAG 2

Gott befindet sich auf einer Mission (die „missio Dei“)

Angedacht

Ich bin einmal dazugekommen, als amerikanische Freunde von uns einen Film angeschaut haben, in dem gezeigt wurde, wie ein Farmer mit bewundernswertem Eifer, Ausdauer und Mut einigen Pferdedieben nachjagte, die ihm ein paar Pferde geklaut hatten. Ich meinte: „Der hat wirklich nur *ein* Ziel: seine Pferde zurück zu bekommen!“ Woraufhin einer unserer amerikanischen Freunde meinte: „Yes, he is a man on a mission!“ In dem Augenblick hat es bei mir klick gemacht – und ich habe plötzlich tiefer verstanden, was es bedeutet, auf einer „Mission“ zu sein.

Gott befindet sich auch auf einer Mission! Er möchte eine verlorene Welt zu sich zurückbringen. (Das nennt man auf lateinisch die „missio Dei“, die „Mission Gottes“.) Diese Mission fing sofort nach dem Sündenfall an. In 1. Mose 3,15 spricht Gott zu der Schlange: *„Und ich will Feindschaft setzen zwischen dir und der Frau und zwischen deinem Samen* *und ihrem Samen; er wird dir den Kopf zertreten, und du wirst ihn in die Ferse stechen."* Dieses Wort hat die Kirche schon früh als einen Hinweis auf Jesus verstanden. Jesus, der Messias, wird am Kreuz der Schlange, dem Feind Gottes, den Kopf zertreten, während diese ihn in die Ferse stechen wird.

Die Mission Gottes setzt sich fort in der Erwählung Abrahams, und in Abraham mit der Erwählung des Volkes Israel, einem Volk, durch das Gott der Welt zeigen möchte, wer er ist.

Dann offenbart Gott sein Herz auf ganz besondere Weise durch die Propheten – ein Herz, das sein Volk und die ganze Menschheit sucht und liebt und möchte, dass sich sein Volk und die Menschheit zu ihm wendet. So heißt es z. B. in Jesaja 65,2-3a:

> *„Ich streckte meine Hände aus den ganzen Tag nach einem ungehorsamen Volk, das nach seinen eigenen Gedanken wandelt auf einem Wege, der nicht gut ist; nach einem Volk, das mich beständig ins Angesicht kränkt."*

Das ist ein starkes Bild: Gott streckt seine Hände nach seinem Volk aus, obwohl es ihm ständig weh tut. Hast du schon einmal jemand geliebt, der dir beständig weh getan hat?

Die Mission Gottes zielt auf die Offenbarung Gottes in Jesus ab und findet dort ihren Höhepunkt: Gott wird Mensch! Das ist unübertrefflich!

2. Korinther 5,19–20 ist ein ganz zentraler Text, in dem Paulus seine missionale Theologie entfaltet:

„Denn Gott war in Christus und versöhnte die Welt mit ihm selber und rechnete ihnen ihre Sünden nicht zu und hat unter uns aufgerichtet das Wort von der Versöhnung. So sind wir nun Botschafter an Christi statt, denn Gott ermahnt durch uns; so bitten wir nun an Christi statt: Lasst euch versöhnen mit Gott! Denn er hat den, der von keiner Sünde wusste, für uns zur Sünde gemacht, auf dass wir in ihm die Gerechtigkeit würden, die vor Gott gilt."

Dieser Text spricht davon, dass Gott in Jesus Christus auf unsere Welt gekommen ist – sich sozusagen in Jesus selber gesandt hat. Das ist umwälzend! So hat der bekannte Theologe Jürgen Moltmann ein Buch mit dem provokanten Titel geschrieben: „Der gekreuzigte Gott."[1] Das Ziel dieser „Selbstsendung" Gottes ist Versöhnung, die Wiederherstellung der durch unsere Abkehr von Gott zerbrochenen Beziehung mit ihm.

Nachgedacht

- Wie stark hast du die Mission, auf der Gott sich befindet, zu deiner eigenen Mission gemacht?

Umgesetzt

- Welches andere Ziel bzw. Tätigkeit müsstest du konkret hintenanstellen, um stärker an der Mission Gottes teilnehmen zu können?

1 Jürgen Moltmann: Der gekreuzigte Gott. Das Kreuz Christi als Grund und Kritik christlicher Theologie.

TAG 3

Die „missio Dei", du und die Welt

Angedacht

In vielen christlichen Kreisen wird die Liebe Gottes auf die Einzelperson reduziert: „Gott liebt dich! Gott liebt mich!" Das stimmt natürlich – aber wenn wir in die Bibel hineinschauen, wird deutlich, dass die ganze Geschichte viel umfassender ist.

Schon im Alten Testament wird deutlich, dass die Liebe Gottes die ganze Welt umfasst. Als Gott Abraham erwählt, heißt es: *„In dir sollen gesegnet werden alle Geschlechter auf Erden"* (1. Mose 12,3b).

Gott möchte die ganze Welt segnen!

Die Propheten machten immer wieder deutlich, dass Gottes Liebe nicht nur dem Volk Israel gilt. So sagt z.B. Jesaja in Kap. 2,2: *„Es wird zur letzten Zeit der Berg, da des HERRN Haus ist, fest stehen … und alle Heiden werden herzulaufen."*

Im Neuen Testament wird es noch deutlicher, dass Gott die ganze Welt liebt. So schreibt Johannes in seinem Evangelium den bekannten Vers, den man auch als „das Evangelium im Evangelium“ bezeichnet:

> *„Also hat Gott die Welt geliebt, dass er seinen eingeborenen Sohn gab, auf dass alle, die an ihn glauben, nicht verloren werden, sondern das ewige Leben haben“* (Johannes 3,16).

Warum sendet Gott seinen Sohn bzw. sich selbst, wie wir gestern gesehen haben? Weil er die Welt liebt! Im Griechischen steht hier das Wort „Kosmos“, was die ganze geschaffene Welt meint.

Genauso hat die Mission Gottes letztlich die ganze Welt im Blick. Gott möchte die ganze „verlorene Welt“ wieder zu sich selbst zurückbringen, erlösen und wiederherstellen! Das schließt auch die Erlösung von durch Sünde pervertierten Strukturen und die Wiederherstellung von Gerechtigkeit ein.

Seit den alttestamentlichen Propheten gab es in Israel eine starke Erwartung, dass das messianische Reich kommen würde und mit ihm die Wiederherstellung aller Dinge. Diese Erwartung lag zur Zeit Jesu stark in der Luft.[2] Im Kern gab es zwei verschieden ausgeprägte Erwartungen im Hinblick auf das messianische Reich: eine innerweltliche und eine eschatologische, endzeitliche Erwartung einer totalen Neuschöpfung am Ende der Tage. Jesus hat mit seiner Botschaft vom nahegekommenen Reich Gottes deutlich

---

2 Siehe z.B. Apostelgeschichte 1,6 + 3,21. In Lukas 19,11 sieht man, wie unmittelbar und intensiv die Erwartung war: *„... denn er (Jesus) war nahe bei Jerusalem und sie meinten, das Reich Gottes werde sogleich offenbar werden.“*

gemacht, dass diese Wiederherstellung aller Dinge in ihm, in seiner Person und in seinem Dienst begonnen hat.

Gott hat das ganze Leben erschaffen und möchte, dass alle Lebensbereiche wieder unter seine Herrschaft kommen – sei es Erziehung, Kunst, Familie, Wirtschaft, Politik, Medien etc.

Natürlich sollen wir „die Art dieser Welt" nicht lieb haben (siehe 1. Johannes 2,15)[3], aber die Welt als Gottes Schöpfung und die Menschen auf ihr sollen wir „umarmen", wie Johannes Reimer in seinem programmatischen Buch mit dem gleichlautenden Titel[4] ausführt.

Nachgedacht

- Wie lebst du deinen Glauben? Bist du der Welt, der Schöpfung und den Menschen zugewandt oder von der Welt abgewandt?
- Wie wirkt es sich auf deine Lebensführung aus, dass Gott diese Welt liebt?

Umgesetzt

- Gehe heute hinaus in Gottes Schöpfung und gehe auf Entdeckunsgreise nach etwas Schönem! Erfreue dich daran und danke Gott dafür!

---

3 Manche Christen sagen in Anlehnung an 1. Johannes 2,15, *„Habt nicht lieb die Welt noch was in der Welt ist"*, dass wir diese Welt nicht lieben sollten. In den folgenden Versen wird aber beschrieben, was damit gemeint ist – nämlich die widergöttliche Art dieser Welt: *„Denn alles, was in der Welt ist, des Fleisches Lust und der Augen Lust und hoffärtiges Leben, ist nicht vom Vater, sondern von der Welt"* (V. 16).

4 Johannes Reimer: Die Welt umarmen. Theologie des gesellschaftsrelevanten Gemeindebaus.

TAG 4

Inkarnatorisch denken lernen

Angedacht

Es gibt einen Gewöhnungseffekt in unserem Leben: Wenn man etwas über einen längeren Zeitraum hört oder tut, gewöhnt man sich daran. Das gilt auch für Christen. So haben wir uns häufig an folgende, revolutionäre Botschaft des Neuen Testamentes gewöhnt: Gott ist in Jesus Christus auf unsere Erde gekommen und Mensch geworden!

Das wollen wir uns etwas genauer anschauen: In Johannes 1,14 heißt es: *Und das Wort ward Fleisch und wohnte unter uns, und wir sahen seine Herrlichkeit, eine Herrlichkeit als des eingeborenen Sohnes vom Vater, voller Gnade und Wahrheit.*

Das nennt man in der Theologie die „Inkarnation Gottes", wörtlich die Fleischwerdung Gottes, oder verständlicher ausgedrückt: die Menschwerdung Gottes.

Gott wurde voll und ganz Mensch in Jesus. So haben die altkirchlichen Bekenntnisse bekräftigt: „wahrer Gott und wahrer Mensch" – also 100% Gott und 100% Mensch. Gott hat die Erde in Jesus nicht nur gestreift, sondern ist ganz zu uns gekommen und einer von uns geworden. Die „Message“ von Eugene Peterson übersetzt bzw. überträgt Johannes 1,14 folgendermaßen ins heutige Englisch. *„The Word became flesh and blood, and moved into the neighborhood.“* [5] („Das Wort wurde Fleisch und Blut und zog in die Nachbarschaft ein.“)

Jesus selbst hat sich voll und ganz in die jüdische Kultur inkarniert. Er war ganz und gar Jude – beim Kleidungsstil angefangen, über die Sprache, die er gesprochen hat, bis hin zu Umgangsformen und der Art und Weise zu kommunizieren.

Paulus hat das Prinzip des „inkarnatorischen Dienstes“ mit großer Konsequenz und Hingabe gelebt. Er schreibt:

> *Denn obwohl ich frei bin von jedermann, habe ich doch mich selbst jedermann zum Knecht gemacht, damit ich möglichst viele gewinne. Den Juden bin ich wie ein Jude geworden, damit ich die Juden gewinne. Denen, die unter dem Gesetz sind, bin ich wie einer unter dem Gesetz geworden - obwohl ich selbst nicht unter dem Gesetz bin -, damit ich die, die unter dem Gesetz sind, gewinne. Denen, die ohne Gesetz sind, bin ich wie einer ohne Gesetz geworden - obwohl ich doch nicht ohne Gesetz bin vor Gott, sondern bin in dem Gesetz Christi -, damit ich die, die ohne Gesetz sind, gewinne. Den Schwachen bin ich ein Schwacher geworden, damit ich die Schwachen gewinne. Ich bin allen alles geworden, damit ich auf alle Weise einige rette.*
>
> (1. Korinther 9,19–22, LÜ 1984)

---

5 Eugene Peterson: The Message/Remix. The Bible in Contemporary Language, S. 1558.

Diese Verse sollten uns beständig begleiten. Das kann sich auf äußere Dinge beziehen, wie den Kleidungsstil oder die Frisur. So hat sich der berühmte Chinamissionar Hudson Taylor (1832 – 1905) die Haare wachsen lassen und sich den damals gängigen Zopf geflochten. (Dafür wurde er von seiner Missionsgesellschaft hinausgeworfen.) Es können aber auch nicht so sichtbare Dinge sein, wie z.B. die Art und Weise, wie man miteinander umgeht. So haben wir z.B. bei den Indianern gelernt, dass unsere direkte deutsche Art nicht so hilfreich ist. Wir mussten lernen, unsere Liebe und unser Interesse an ihnen nicht durch direktes Nachfragen auszudrücken - wie wir es als Deutsche gewohnt waren - sondern dadurch, dass wir einfach Zeit mit ihnen verbrachten (sozusagen zur Verfügung standen) und abwarteten, bis sie von sich aus über die Dinge sprachen, die sie beschäftigten. Das war die kulturell angemessene Umgangsform.

Nachgedacht

- Welchen Einfluss hat die Lehre von der Inkarnation auf deine Weltsicht und deine Lebensführung?

Umgesetzt

- Wie könnte es ganz praktisch aussehen, noch mehr Teil deiner Nachbarschaft zu werden?

TAG 5

Ein „Mission Statement" von Jesus

Angedacht

Wenn Gott eine ganze Welt zu sich zurückbringen will, wo setzt er dann an? Was ist das Herzstück seiner Mission? Um diese Frage zu beantworten, müssen wir uns die Mission Jesu genauer anschauen. Denn Jesus hat den Auftrag Gottes ausgeführt.

Ein „Mission Statement" von Jesus finden wir in Lukas 19,10: *„Denn des Menschen Sohn ist gekommen, zu suchen und zu retten, was verloren ist"* (Elberfelder).

Jesus hat also ganz bewusst *gesucht* und nach Menschen Ausschau gehalten. Er ist ihnen aktiv nachgegangen.

Suchen ist ein ganz aktiver, zielgerichteter Prozess. Das weiß jeder, der schon einmal etwas gesucht hat, sei es einen Schlüsselbund oder etwas noch Wichtigeres.

Meine Frau und ich haben die Intensität und Zielgerichtetheit des Suchens einmal sehr intensiv erlebt, als wir eines unserer Kinder suchten: Als unsere Kinder klein waren, haben wir des öfteren in Dänemark an der Nordsee Urlaub gemacht. Wir verbrachten die Nachmittage häufig am Strand. Eines Tages war unser damals etwa dreijähriger Sohn Daniel an einem sehr belebten Strand mit vielen Menschen plötzlich verschwunden. Wir fingen an, ihn fieberhaft zu suchen. Doch keine Spur. Wir liefen, oder besser rannten am Wasser entlang und riefen nach ihm, während unsere Augen fieberhaft die Wasseroberfläche und zugleich den Strand absuchten. Doch kein Daniel war zu sehen. Obwohl es ein herrlicher Tag mit strahlender Sonne und blauem Himmel war, verdunkelte sich die Welt um uns. Wir waren nur noch von einem Gedanken erfüllt: Wo ist Daniel? War ihm etwas zugestoßen? Unsere Herzen füllten sich mit Angst und Besorgnis und es gab nur noch eine Aufgabe: Daniel zu finden! Kurze Zeit später kam er an der Hand einer Frau auf uns zu. Er hatte sich am Strand verlaufen und eine Frau hatte das bemerkt. War das ein Wiedersehen! Wir haben ihn fast erdrückt, als wir ihn in den Arm nahmen, und vermutlich den ganzen Tag nicht mehr auf den Boden gelassen …

Jesus hat neben dem Gleichnis vom verlorenen Sohn zwei weitere Gleichnisse der liebenden Suche seines Vaters im Himmel bzw. seiner eigenen suchenden Liebe gewidmet: Das Gleichnis vom verlorenen Schaf und das Gleichnis vom verlorenen Groschen. Wir finden alle drei Gleichnisse in Lukas 15.

Im Gleichnis vom verlorenen Groschen malt Jesus die Intensität des Suchens deutlich vor Augen: *„Oder welche Frau, die zehn Silbergroschen hat und einen davon verliert, zündet nicht ein Licht an und kehrt das Haus und sucht mit Fleiß, bis sie ihn findet?“* (Lk. 15,8) Das dahinter stehende griechische Wort meint ein intensives, sorgfältiges[6] Suchen. Die „Neues Leben" Bibel übersetzt: *„Würde sie nicht eine Lampe anzünden und das ganze Haus auf den Kopf stellen, bis sie sie gefunden hätte?"* (NLB). Die Frau sucht so intensiv, dass sie das ganze Haus auf den Kopf stellt!

Bei allen drei Gleichnissen steht die Freude über das Wiederfinden im Vordergrund: *„Freut euch mit mir ...!"* (Verse 6+9).

Jesus war auf einer „Rettungs"-Mission. Er suchte verlorene Menschen. „Verloren" im Sinne des Neuen Testaments sind Menschen, die von Gott getrennt sind. Diese Trennung kann sich in die Ewigkeit hineinziehen und eine Ewigkeit dauern! Das große Problem ist, dass viele Menschen, die „verloren" sind, sich der Ernsthaftigkeit ihrer Lage gar nicht bewusst sind und sich möglicherweise schon so an ihren Zustand gewöhnt haben, dass er für sie normal ist. So schreibt John Eldredge in seinem hervorragenden Buch „Der ungezähmte Messias": „Vergiss nicht: Jesus ist nicht durch die israelische Landschaft gewandert und hat Poesielesungen dargeboten. Er war auf einer Mission, um Leute zu retten, die so sehr getäuscht waren, dass die meisten von ihnen nicht einmal gerettet werden *wollten*."[7]

Als wir ganz neu auf dem Reservat waren, hat Gott mir einen Indianer mit dem Namen Jeff aufs Herz gelegt. Ich habe ihn immer mal wieder zu Hause besucht und er er-

---

6 Das griechische Wort epimelos bedeutet „sorgfältig, eifrig, genau". Siehe Walter Bauer: Wörterbuch zum Neuen Testament, Spalte 585

7 John Eldredge: Beautiful Outlaw. Experiencing the Playful, Disruptive, Extravagant Personality of Jesus, S. 68 (eigene Übersetzung). Der deutsche Titel heißt: Der ungezähmte Messias. Über einen unwiderstehlichen Retter, der Ihr Herz erobern wird.

zählte mir, dass er spielsüchtig sei und oft viele Stunden im Kasino verbringen würde, obwohl er das eigentlich nicht wolle. Er verlor dann meistens auch viel Geld, worunter die ganze Familie mit den Kindern zu leiden hatte. Als ich eines Tages zu seinem Haus kam, erzählte mir seine Frau, dass er wieder im Kasino sei. So entschloss ich mich kurzerhand, ihm nachzugehen und ihn zu suchen. Schlussendlich fand ich ihn vor einem Spielautomaten beim Spielen. Es war ihm einerseits peinlich, dass ich ihn „auf frischer Tat ertappt" hatte – andererseits erzählte er mir und anderen später immer wieder, dass es ihm die Liebe Gottes gezeigt habe, die ihm bis ins Kasino nachgeht!

Nachgedacht

- Lies alle drei Gleichnisse in Lukas 15 nach!
- Wer sind die „Verlorenen" in deinem Freundes- und Bekanntenkreis, die du "suchen" könntest?

Umgesetzt

- Was könntest du konkret unternehmen, um diesen Menschen näher zu kommen?

TAG 6

Was war die Motivation von Jesus?

Angedacht

Wir wollen uns die Mission Gottes in Jesus etwas genauer anschauen. Was sagt Jesus dazu?

Das längste Gleichnis, das Jesus erzählt hat, ist bekannt unter dem Titel: „Das Gleichnis vom verlorenen Sohn“. Der bekannte Neutestamentler Joachim Jeremias hat darauf hingewiesen, dass es besser „das Gleichnis von der Liebe des Vaters“ [8] heißen müsste.

Interessant ist der Kontext dieses Gleichnisses: In der Einleitung zu dem Gleichnis heißt es, dass die Pharisäer und Schriftgelehrten murrten, dass Jesus die Sünder annimmt und mit ihnen isst. (Lukas 15,2). In Vers 3 heißt es dann: „*Er sagte aber zu ihnen dies Gleichnis.*“ Jesus verteidigt also seine Mission gegenüber den Pharisäern und Schriftgelehrten. So macht dieses bekannte Gleichnis also unmissverständlich klar, dass Jesus seine Mission in der suchenden Liebe seines Vaters im Himmel begründet sieht – ja, seine Mission und

8 Joachim Jeremias: Die Gleichnisse Jesu, S. 128.

Tätigkeit Ausdruck der liebenden Suche seines Vaters ist. Mit anderen Worten: Jesus sagt, der Ausgangspunkt seiner Mission ist das Vaterherz Gottes. Gott hat eine tiefe Sehnsucht, mit dem Menschen, den er zu seinem Ebenbild geschaffen hat, in Verbindung zu treten. Sein Ebenbild bedeutet, sein Gegenüber – ein Gegenüber, mit dem er reden und kommunizieren kann, ein Gegenüber, zu dem er eine tiefe und innige Beziehung aufbauen kann. Diese Sehnsucht Gottes bezieht sich auf **alle** Menschen – auf solche, die mit ihm leben, und auch auf solche, die weit weg sind von ihm! Mit anderen Worten, Gott hat ein Vaterherz für alle Menschen!

Schauen wir uns das Gleichnis etwas genauer an:

Als der Sohn umkehrt und zu seinem Vater nach Hause kommt, heißt es:

> *„Als er aber noch weit entfernt war, sah ihn sein Vater und es jammerte ihn, und er lief und fiel ihm um den Hals und küsste ihn."* (Lukas 15,20)

Im Griechischen steht im Urtext für „jammerte" ein Wort, das tiefstes Mitgefühl ausdrückt - so tief, dass es bis in die „Eingeweide" spürbar ist.[9] Jesus stellt Gott hier ganz anders dar, als wir ihn uns oft tief im Innern vorstellen: über allem thronend, weit weg von der Welt, unbeteiligt und emotional distanziert. Nein, Gott ist uns nahe, emotional involviert und mitfühlend!

Der Vater läuft dem Sohn entgegen, fällt ihm um den Hals und küsst ihn. Laufen in der Öffentlichkeit war für

---

9 In dem griechischen Wort splagchnizomai steckt das Wort splagchnon = „die Eingeweide". Siehe Walter Bauer, Wörterbuch zum Neuen Testament, Spalte 1511

würdige Männer im Orient ein absolutes Tabu. Das tat man nicht! Das war unter aller Würde! Genau das aber macht der Vater im Himmel, sagt Jesus. Seine Würde ist ihm nicht wichtig! Seine Freude, dass ein Mensch zu ihm umkehrt, ist größer. Gott ist ein Gott, der leidenschaftlich liebt!

Und einen dreckigen Menschen, der vermutlich schlecht riecht, in die Arme zu nehmen und zu küssen, das tut man auch nicht. Da macht man sich ja selber dreckig! Gottes Leidenschaft und Liebe ist größer als das. Er sehnt sich nach einer engen Beziehung zu uns – auch zu Menschen, die noch „weit entfernt" sind. Das ist das Herzstück der „missio Dei", der Mission Gottes in dieser Welt!

Nachgedacht

- Lies das Gleichnis von der unvergleichlichen Liebe des Vaters (Lukas 15,11–32) im Hinblick darauf, was es über die Vaterliebe Gottes aussagt. Was fällt dir auf?
- Was ist deine Motivation, um „verlorene Menschen" zu erreichen?

Umgesetzt

- Schreibe in dein „Stille-Zeit-Tagebuch" oder einfach auf ein Blatt Papier, wo du schon einmal Gottes Liebe und Mitgefühl für einen anderen Menschen empfunden hast.

TAG 7

Die Motivation Jesu – weiter unter die Lupe genommen

Angedacht

Wenn wir uns die Motivation von Jesus noch etwas genauer anschauen, entdecken wir, dass Jesus ein „Hirtenherz" hatte:

> *„Und als er (Jesus) das Volk sah, jammerte es ihn; denn sie waren verschmachtet und zerstreut wie die Schafe, die keinen Hirten haben.* "(Matth.9,36, LÜ 1984)

Hier steht im Griechischen wieder genau das gleiche Wort *splagchnizomai*, das Luther auch hier mit „jammerte" übersetzt – dieses mal in Kombination mit dem „Hirte"-Sein Jesu. Jesus hatte tiefes Mitgefühl mit den Menschen und verstand sich als ihr Hirte. Interessant ist, dass er sich nicht nur als Hirte seiner Jünger empfand. Es heißt ausdrücklich: *„Als er das Volk sah …"*

Sich als „Hirte“ für alle Menschen – nicht nur für Christen – zu sehen, kann einem eine völlig neue Perspektive eröffnen!

Als wir in dem Indianerreservat waren, hat uns diese Sicht, dass wir Hirten/Pastoren für **alle** Indianer in dem Reservat sein sollen, eine völlig neue Sicht für unseren Dienst eröffnet. Wir besuchten viele Familien, zu denen wir Kontakt hatten, die aber so gut wie nichts von Jesus wussten, in ihren Häusern und kümmerten uns einfach hirtlich um sie – interessierten uns, wie es ihnen ging, halfen ihnen praktisch und boten auch Gebet an, wenn es passend war, etc. Interessant ist, dass durch diese „hirtlichen Tätigkeiten“ viele Indianer ihr Herz für uns und dann auch für Jesus geöffnet haben.

Ich habe einen Freund, der in einen Sportverein geht und dort ganz bewusst missional unterwegs ist. Nachdem er schon längere Zeit im Verein war, fragten ihn die anderen, ob er bei der Vereinsweihnachtsfeier eine Andacht halten wolle. Er war ganz überrascht, stimmte aber zu. Nach seinem geistlichen Impuls kamen mehrere auf ihn zu und meinten, was er gesagt habe, sei ja schon ein wenig krass gewesen, aber weil er einer von ihnen sei, könnten sie es akzeptieren. Er hatte dann im Verlaufe der nächsten Monate immer wieder tiefe Gespräche mit Einzelnen von ihnen. Als die nächste Weihnachtsfeier kam, fragten sie ihn wieder, ob er eine Andacht halten wolle. Inzwischen kommen mehr und mehr Leute vom Sportverein zu ihm, wenn sie Rat suchen oder sich Gebet wünschen. Er ist sozusagen Pastor für seine Freunde im Sportverein. Als ich mit ihm sprach, meinte er schmunzelnd: „Meine Gemeinde besteht überwiegend aus Menschen, die noch keine persönliche Beziehung zu Jesus haben – aber ich liebe meine Gemeinde!"

Nachgedacht

- Wie würde es aussehen, wenn du bewusst „hirtlich" in deinem Umfeld (Nachbarschaft, Arbeitsplatz, Verwandtschaft, Freundes- und Bekanntenkreis) unterwegs wärst?

Umgesetzt

- Was würde sich konkret in deinem Umgang mit Menschen ändern?

TAG 8

Der Dienst Jesu – unter einem anderen Blickwinkel betrachtet

Angedacht

Jesus sagt einmal: *„Wer Sünde tut, der ist der Sünde Knecht!"* (Johannes 8,34).

Lukas berichtet in der Apostelgeschichte, dass Petrus das Wirken Jesu mit folgenden Worten zusammengefasst hat:

> *„Ihr wisst, was in ganz Judäa geschehen ist … wie Gott Jesus von Nazareth gesalbt hat mit Heiligem Geist und Kraft; der ist umhergezogen und hat Gutes getan und alle gesund gemacht, die in der Gewalt des Teufels waren, denn Gott war mit ihm"* (Apostelgeschichte 10,37–38).

Hier beschreibt Petrus die befreiende, frei machende Tätigkeit Jesu.

Sünde hat einen „süchtig machenden Charakter". Je häufiger wir uns in einem Bereich Fehltritte leisten, desto mehr werden wir in diesem Bereich versklavt. Wir kommen unter die Gewalt der Sünde.

Jesus befindet sich auf einer „rescue mission“, einer Rettungs- und Befreiungsmission. Er sagt: *„Wer Sünde tut, der ist der Sünde Knecht … Wenn euch nun der Sohn frei macht, so seid ihr wirklich frei.“* (Johannes 8,34b–36).

In den USA ist vor einigen Jahren ein achtzehn Monate altes Mädchen namens Jessica beim Spielen in einen stillgelegten Brunnenschacht gefallen. In ca. sieben Meter Tiefe blieb sie in einer sitzenden Position stecken. Die Rettungsaktion wurde von einem großen nationalen Fernsehsender live übertragen. Als die Rettungsmannschaft mit ihrer ganzen Ausrüstung angerückt war, mussten sie feststellen, dass man unmöglich durch das Brunnenloch zu Jessica gelangen konnte. Erstens war das Loch für einen erwachsenen Menschen zu eng und zweitens hätte Geröll auf das Mädchen fallen können. So musste die Rettungsmannschaft in einer groß angelegten Rettungsaktion ein Loch parallel zum Brunnenschacht bohren. Als sie auf der Höhe (bzw. Tiefe) des Mädchens angelangt waren, mussten sie in einer weiteren, viele Stunden dauernden Aktion einen Querschacht graben, um an das Mädchen heranzukommen. Diejenigen, die die etwa zwei Tage dauernde Aktion im Fernsehen mitverfolgt haben, werden den Augenblick nie vergessen, als einer der Rettungsmänner mit dem Mädchen in den Armen unter dem brandenden Applaus der Menschen herauskam. Die Augen eines Großteils der Nation waren auf das Geschehen gerichtet, und ich bin mir sicher, dass sich nicht nur die vielen Menschen, die direkt beteiligt waren, umarmten, sondern auch viele, die die ganze Aktion im Fernsehen mitverfolgt haben – nicht zuletzt natürlich die Eltern des Mädchens. Sie hatten die Riesenfreude, nun ihre Tochter in die Arme nehmen zu dürfen. Und ist es nicht so, dass wir die Rettungsleute bewundern, die Tag und Nacht durchgearbeitet haben und alles gegeben und sich schmutzig gemacht haben?

Viel mehr noch als die Rettungsmannschaft versuchte, zu Jessica hinunter und ihr nahe zu kommen, hat Gott sich in Jesus bemüht, uns nahe zu kommen, um uns aus unserer prekären Situation zu retten. Wir stecken alle in unserem ichbezogenen Lebensstil und den daraus resultierenden Unfreiheiten fest!

Und wir dürfen uns dieser Rescue-Mission anschließen und dabei mithelfen, dass Menschen aus ihrer misslichen Lage, in der sie feststecken, befreit werden!

Nachgedacht

- Welche(n) Menschen legt Gott dir aufs Herz, wenn du über Menschen in Unfreiheit nachdenkst?

Umgesetzt

- Wie könntest du ihm / ihnen helfen, von ihren Bindungen befreit zu werden? Was könnte ein nächster konkreter Schritt sein?

TAG 9

Im Windschatten von Jesus

Angedacht

Wenn wir uns Jesus in seiner Rettungs- und Befreiungsmission anschließen, ist es wichtig, dass wir das nicht aus eigener Kraft tun. Ich war einmal auf einem Seminar des in den USA wohlbekannten Gemeindecoaches Bill Easum. Dort verwendete er den Ausdruck „Joining Jesus on the mission field", also „Sich Jesus auf dem Missionsfeld anschließen". Seine These war, dass Jesus schon unterwegs ist zu den Menschen – und wir uns ihm nur anzuschließen brauchen. Jesu Mission ist, eine verlorene Welt zu Gott zurückzubringen und Menschen mit seinem Vater zu versöhnen.

Genau das ist meine Erfahrung: Jesus ist schon unterwegs! Er ist schon unterwegs zu den Menschen. Ja, er wirkt schon im Leben der Menschen, zu denen ich mich aufmache – lange bevor ich mit ihnen in Kontakt trete.

Darum ist es so wichtig, gut hinzuhören: Welche Menschengruppe bzw. welche Menschen legt Gott mir aufs Herz? Zu welchen Menschen fühle ich mich gesandt?

Das können ganz einfach Nachbarn, Freunde, Arbeitskollegen oder Verwandte sein. Es kann aber auch eine Personen- oder Volksgruppe sein, zu der ich mich aufmachen muss. So ziehen z.B. immer mehr Christen in ein bestimmtes Wohnviertel oder Nachbarschaft, um die betreffenden Menschen zu erreichen.

Für uns als Familie hieß es, für zwölf Jahre in ein Indianerreservat nach Nordamerika zu ziehen, um Indianer zu erreichen.

Jesus wusste genau, zu welcher Personengruppe er gesandt war. In der Zeit seiner irdischen Wirksamkeit sagte er: *„Ich bin nur gesandt zu den verlorenen Schafen des Hauses Israel!"* (Matthäus 15,24).

Immer wieder überrascht mich die Tatsache, dass Jesus häufig an Orten wirkt, wo man es am wenigsten erwartet. Auf dem Indianerreservat ging z.B. ganz überraschend die Türe zum Gefängnis auf, in dem sich viele Indianer befanden: Ich wurde angefragt, ob ich bereit wäre, mich um einen Jugendlichen zu kümmern, der Teil einer „gang" (Bande) war und zwei Weiße umgebracht hatte. Nach einiger Zeit übergab er sein Leben Jesus und erzählte den anderen in seiner Bande, den „Latin Kings", die ebenfalls in dem Gefängnis waren, von dem „Pastor aus Deutschland", der bereit sei, mit jungen Leuten im Gefängnis zu reden. Im Nu hatte ich eine Reihe von jungen Indianern, die mit mir reden wollten, und etliche aus der Bande gaben ihr Leben Jesus. Es gab eine richtige Erweckung im Gefängnis. Einmal saß sogar ein Indianer, der die „Latin Kings“ mit aufgebaut hatte, in dem Besuchszimmer, wo ich immer die Gespräche führte, und hatte seine Sünden aufgeschrieben, die er bekennen wollte. So lernte ich: Jesus war schon längst zu den Indianern im Gefängnis unterwegs – lange bevor ich mich überhaupt aufgemacht hatte.

Nachgedacht

- Für welche Menschen bzw. welche Volksgruppe empfindest du eine besondere Liebe oder Last?

Umgesetzt

- Gehen irgendwelche Türen auf, mit denen du vielleicht gar nicht gerechnet hast?

TAG 10

Ein paar Gedanken zu „missionarisch" und „missional"

Angedacht

So wie Gott Jesus gesandt hat, sendet er uns.

In Johannes 20,21 sagt Jesus: *„Wie mich der Vater gesandt hat, so sende ich euch."*

In dem Wort „missional" steckt das lateinische Wort „missio", was Sendung bedeutet. Es bedeutet also, sich als jemanden zu verstehen, der gesandt ist. Im Gegensatz zu dem Wort „missionarisch", das mehr unser Tun und unsere Aktivitäten beschreibt, geht es bei dem Wort „missional" mehr um unser Sein und damit um unseren Lebensstil und unser Selbstverständnis. Ich kann also in meinem ganz normalen Alltag missional leben, wenn ich zielgerichtet und leidenschaftlich so lebe, dass ich versuche, an der Mission Gottes in dieser Welt teilzunehmen. Ich kann auch die (geistlichen) Gaben, die Gott mir gegeben hat, im missionalen Kontext – und nicht nur in der Gemeinde – einsetzen.

Als wir in dem Indianerreservat waren, wurden wir jeden Tag daran erinnert, dass wir auf einer „Mission" waren: Wir lebten an einem Ort, den wir uns nicht selber ausgesucht hatten. Wir mussten eine Sprache sprechen, die nicht unsere war. Wir mussten immer wieder Sachen essen, die ungewöhnlich schmeckten. Wir lebten mit Menschen zusammen, die eine andere Hautfarbe hatten und die anders waren als wir. All das und vieles mehr erinnerte uns täglich daran, dass wir uns auf einer „Mission" befanden. Wenn du - wie die meisten – nicht in einem anderen Land lebst, ist es gut, wenn du dich täglich selbst daran erinnerst, dass du von Gott auf eine „Mission" gesandt worden bist, also einen Auftrag hast!

Das griechische Wort für aussenden ist *apostello*, wovon sich das Wort Apostel ableitet. Der Apostel Paulus hat sich definitiv als ein von Gott Ausgesandter gesehen. Im hebräischen Denken gilt: Der Gesandte vertritt den, der ihn gesandt hat, voll und ganz und er hat die volle Autorität des Sendenden hinter sich. Er spricht und handelt also nicht in eigener Autorität, sondern in der Autorität dessen, der ihn gesandt hat. Es ist wie bei einem Botschafter: Er vertritt die Regierung des Landes, das ihn gesandt hat, und hat auch die Autorität dieses Landes hinter sich. So bezeichnet sich Paulus z.B. in 2. Korinther 5,19–20, wo er seinen Dienst und sein Selbstverständnis beschreibt, als *„Botschafter an Christi statt"*. Die Worte *„an Christi statt"* finden sich in diesen zwei Versen sogar zweimal!

Wenn man das weiß, versteht man all die Worte von Jesus besser, wo er sagt, dass derjenige, der seine Jünger hört, ihn hört, oder dass derjenige, der seine Jünger aufnimmt, ihn aufnimmt etc. (z.B. Lukas 10,16; Matthäus 10,40-42; Markus 9,41; vgl. auch Apostelgeschichte 9,5).

Missional zu leben heißt also, in diesem Bewusstsein zu leben, dass Jesus uns gesandt hat und dass wir Jesus vertreten sollen – in unserem Reden und Handeln. Wir sollen seinen Dienst auf dieser Erde weiterführen!

Nachgedacht

- Mit welchem Selbstverständnis bist du unterwegs?

Umgesetzt

- Wie kannst du deine (geistlichen) Gaben in deinem Umfeld (Nachbarschaft, Arbeitsplatz, Freundeskreis, Verwandtschaft etc.) ganz konkret einsetzen?

TAG 11

Die Spannung des „sendenden“ und des „inkarnatorischen“ Impulses

Angedacht

In unserem Leben sollten sich sendende und inkarnatorische Impulse die Waage halten. Wenn der sendende Impuls zu stark wird und nicht von dem inkarnatorischen Impuls ausbalanciert wird, kann das zu „evangelistischen Raubüberfällen“ führen: Man verlässt seine sichere „Burg“, begibt sich in „Feindesland“ und versucht, ein paar Menschen zu Jesus zu führen. Wenn der Überfall vorbei ist, zieht man sich wieder zurück, zieht die Hängebrücke hoch und genießt die Sicherheit der eigenen Burg. Man hat sich aber nicht wirklich auf die Lebenswelt der Leute eingelassen, die man erreichen will.

Wenn andererseits der inkarnatorische Impuls überbetont wird, besteht die Gefahr, dass man sich so stark an sein Umfeld anpasst, dass kaum noch ein Unterschied zu erkennen ist. Dann kann die Glaubwürdigkeit unserer Jesusnachfolge darunter leiden. Meiner Meinung nach ist es entscheidend, in welchen Bereichen und aus welcher Motivation heraus man sich anpasst. Wenn man sich anpasst, um kein Außenseiter zu sein, ist man bald ein „Chamäleon-Christ“, der letztlich nicht ernst genommen wird. Und natürlich darf man sich in seinem Lebensstil nicht auf sündhafte Kompromisse einlassen. Bei Paulus war die Motivation klar: Er wollte so viele Menschen wie möglich gewinnen oder „retten“ (siehe 1. Korinther 9,19–23).

Aufgrund unserer Erfahrungen auf dem Missionsfeld halte ich es für wichtig, sich im Bereich Kultur, Umgang, Gepflogenheiten, Lebensrhythmus, Kleidung etc. möglichst weitgehend anzupassen, um Leute in ihrer jeweiligen (Sub-)Kultur zu erreichen. Das nennt man auch Kontextualisierung. Meines Erachtens sollte man mit der Kontextualisierung so weit wie möglich gehen, ohne dass man irgendwelche Kompromisse eingeht, die dem glaubwürdigen Vorleben des Evangeliums im Wege stehen. Wenn es z.B. kulturell akzeptabel ist, Alkohol zu trinken, wird man ein Gläschen Wein oder ein Glas Bier mittrinken – sich aber niemals betrinken. Wenn eine Kultur Alkohol nur im Kontext von „sich betrinken“ kennt (wie bei dem Indianerstamm, wo wir waren), wird man besser die Finger ganz vom Alkohol lassen.

Bei den Indianern kontextualisiert unterwegs zu sein bedeutete z.B. sich immer im Kreis zu treffen, wie es in ihrer Kultur üblich ist, und nicht von vorne zu lehren. In der Indianerkultur wird es als viel zu dominant empfunden, wenn eine Person von vorne alles bestimmt. So hatten wir sehr interaktive „gatherings“, bei denen sich die Indianer stark einbringen konnten. (Dadurch hat sich als positiver Nebeneffekt auch die Aufmerksamkeitsspanne enorm erhöht.) Auch vom Musikstil her haben wir uns natürlich angepasst und es unterstützt, wenn die Indianer ihren Stil oder ihre Instrumente einbringen wollten.

Andererseits ist es wichtig, dass sich die Gemeinde auch nicht einfach unkritisch an die Kultur anpasst, sondern eine Alternativkultur vorlebt. Genau das hat die ersten Christen so attraktiv gemacht. Sie haben nach anderen Werten gelebt und waren u.a. bekannt für ihre Großzügigkeit, ihre Hilfe für die Armen und für die Randgruppen der Gesellschaft. Sie haben sich auch nicht nur um ihresgleichen gekümmert, sondern gerade auch um die, die sonst niemanden hatten, der sich ihrer angenommen hätte.

Auf der einen Seite „countercultural" zu sein und sich anderseits an die Kultur anzupassen, ist eine Spannung, die gar nicht leicht durchzuhalten ist. Aber nur, wenn man sie aufrechterhält, wird eine Gemeinde attraktiv und zugleich relevant sein – attraktiv aufgrund der Andersartigkeit und relevant wegen der guten Kommunikation und Interaktion mit der Kultur.

Ich denke, es ist Teil des Jüngerschaftsprozesses, dass Nachfolger Jesu immer tiefer verstehen, wozu Jesus sie ruft, und positiv „anders" leben – besonders in einer Kultur, die sich in vielen Bereichen von den Werten Jesu entfernt hat.

Nachgedacht

- Wie gelingt es dir, die Spannung von missional/countercultural einerseits und inkarnatorisch/kontextualisiert andererseits zu leben?
- Auf welcher Seite „fällst du eher vom Pferd"?

Umgesetzt

- Was kannst du tun, um in dieser Spannung von missional und inkarnatorisch auf einer guten Weise in deiner Nachbarschaft unterwegs zu sein?

TAG 12

Die Verbindung von Herz und Mund

Angedacht

Ich bin immer wieder überrascht, wie sonst stille Menschen mit großer Ausführlichkeit über etwas reden können, von dem sie begeistert sind. Das ist nicht nur beim Fußball so, sondern auch bei anderen Hobbies und Interessen oder auch im Hinblick auf Menschen, von denen sie begeistert sind.

Jesus hat diese Tatsache schon vor 2000 Jahren in eine griffige Formulierung gebracht: „*Wes das Herz voll ist, des geht der Mund über.*" (Matth. 12:34b)

Wenn das stimmt (wovon ich überzeugt bin), ist es eine gute Sache, sich immer mal wieder zu vergegenwärtigen, was wir in Jesus alles haben und was er uns bedeutet. Ich denke dabei an folgende Dinge:

- einen tiefen Sinn im Leben und ein erfülltes Leben;
- eine Beziehung zur wichtigsten Person auf der ganzen Welt;

- Vergebung;
- die Möglichkeit zu einem Neuanfang in deinem Leben;
- Versöhnung und Frieden mit Gott;
- die Kraftquelle, dein Leben zum Positiven zu verändern;
- in deiner Berufung leben;
- die Möglichkeit, etwas zu bewirken und mit Gott zusammen die Welt zu verändern;
- und vieles mehr…

Das ist nur ein kleiner Teil von dem, was wir in und durch Jesus haben.

Meistens gibt es etwas, aufgrund dessen wir ganz tief in unserem Herzen für Jesus brennen. Das rührt meist daher, dass Jesus uns in einem bestimmten Bereich unseres Lebens auf besondere Weise berührt hat. Vielleicht hat er bei dir eine tiefsitzende innere Leere gefüllt oder du hast eine ganz grundlegende Erfahrung der Vergebung und eines Neuanfangs gemacht. Oder du hast Heilung erlebt – sei es emotional oder körperlich. Oder Jesus hat dir vielleicht eine tiefe Frage, die du in deinem Herzen hattest, beantwortet oder ein ganz tiefes Bedürfnis gestillt - wie z.B. das Bedürfnis nach Liebe, Annahme oder Wertschätzung oder auch nach Sinn und Bedeutsamkeit. Was immer es ist, es ist gut, sich das immer wieder zu vergegenwärtigen und lebendig zu halten.

Paulus schreibt im Römerbrief 1,16: *„Ich schäme mich des Evangeliums nicht.“* Mir scheint, dass das bei vielen Christen anders ist. Schon als junger Christ habe ich mir die Frage gestellt, warum ich mich eigentlich schämen sollte, anderen von Jesus zu erzählen. Das Ergebnis meiner Überlegungen war, dass es dafür eigentlich keinen Grund gibt. Im Gegenteil: Ich kann stolz auf Jesus sein! Er ist die coolste und beste Person auf der ganzen Welt. Er hat Worte gesprochen, die heute noch viele Menschen beschäftigen und Leben verändern. Er hat ein Leben gelebt, das von Liebe und Hingabe geprägt war und in jeder Hinsicht nachahmenswert ist. Er hatte und hat einen Charakter, der unvorstellbar gut ist. Und er hat den höchsten Akt der Liebe vollbracht, er hat sein Leben stellvertretend niedergelegt wie ein Soldat, der seinen Körper auf die Bombe wirft um das Leben seiner Kameraden zu retten. Ich habe also allen Grund, megastolz auf Jesus zu sein! Genau das ist meine Grundhaltung, wenn ich von Jesus weitersage. Wenn sich jemand schämen müsste, dann eigentlich Jesus über mich!

Wenn du schon länger mit Jesus lebst, kann es sein, dass du dich an manches schon gewöhnt hast und du die biblischen Geschichten schon gut kennst. Es gibt aber immer wieder Neues zu entdecken! Manchmal hilft es, sich eine neue Bibelübersetzung zu besorgen. Dann klingt nicht alles so vertraut. Oder besorg dir ein paar gute Kommentare zu den Evangelien, die dir helfen, die Dinge besser im historischen Kontext von damals zu sehen und zu verstehen. Eine Beziehung bleibt spannend und frisch, wenn man immer wieder Neues über den Anderen entdeckt! Das gilt auch für die Beziehung zu Jesus!

Natürlich empfinde ich auch einen inneren Auftrag, von Jesus weiterzusagen, da es um die Rettung von Menschen geht und um ihre Versöhnung mit Gott – wie Paulus in 2. Korinther 5,20 schreibt: *„So sind wir nun Botschafter an Christi statt, denn Gott ermahnt durch uns; so bitten wir nun an Christi statt: Lasst euch versöhnen mit Gott!"*

Nachgedacht

- Mit welcher Grundhaltung redest du über Jesus?
- Aufgrund welcher „Dinge" brennst du für Jesus? Schreibe sie auf!

Umgesetzt

- Was könntest du heute jemandem sagen, was dir im Hinblick auf deine Beziehung zu Jesus bedeutungsvoll ist? Wem möchtest du es sagen?

Teil 2: Missionale Praktiken einüben

TAG 13

Missionale Praktiken, Lukas 10 und „gehen"

Angedacht

Jetzt kommen wir zu der Frage: Wie können wir das ganz praktisch umsetzen? Das bringt uns zu den sogenannten „missionalen Praktiken". Dabei geht es um konkrete Tätigkeiten, mit denen wir die Werte, die uns wichtig sind, umsetzen können. Manche dieser missionalen Handlungen können täglich praktiziert werden, manche etwas unregelmäßiger. Der Kernpunkt bei dem Ganzen ist, dass sie zu einem Lebensstil werden!

Ich möchte diese missionalen Praktiken anhand des Akronyms „SEGELN" vorstellen, denn so kann man sie sich leichter einprägen und besser merken – und dann auch leichter umsetzen.

Zudem macht „SEGELN" deutlich, dass wir nicht in eigener Kraft missional unterwegs sind. Wir brauchen den Rückenwind des Heiligen Geistes und von Jesus – und der ist definitiv da!

Und zu guter Letzt erlaubt uns dieses Akronym, an Lukas 10,5–9 entlangzugehen. Das ist nämlich der fundamentale Text auf den wir uns beziehen wollen. Hier wird berichtet, wie Jesus seine Jünger aussendet.

Jesus sagt:

5: Wenn ihr in ein Haus kommt, sprecht zuerst: Friede sei diesem Hause!

6: Und wenn dort ein Kind des Friedens ist, so wird euer Friede auf ihm ruhen; wenn aber nicht, so wird sich euer Friede wieder zu euch wenden.

7: In demselben Haus aber bleibt, esst und trinkt, was man euch gibt; denn ein Arbeiter ist seines Lohnes wert. Ihr sollt nicht von einem Haus zum andern gehen.

8: Und wenn ihr in eine Stadt kommt und sie euch aufnehmen, dann esst, was euch vorgesetzt wird,

9: und heilt die Kranken, die dort sind, und sagt ihnen: Das Reich Gottes ist nahe zu euch gekommen.

Der Kontext ist, dass Jesus 72 (andere Textzeugen[10] sprechen von 70) Jünger aussendet, damit sie vor ihm hergehen an alle Orte, wo er selber hinkommen will. Das ist seine erweiterte Jüngerschar (nicht nur die Zwölf). Die Zahl sieben oder siebzig steht in der Bibel auch immer wieder für Vollkommenheit und Gesamtheit. Niemand kann also sagen, er sei nicht gemeint!

Dieser Text enthält einige wichtige Prinzipien bzw. Praktiken, die man kulturübergreifend umsetzen kann.

---

10 Unter Textzeugen versteht man in der neutestamentlichen Wissenschaft die ältesten uns überlieferten Handschriften vom Neuen Testament bzw. von Teilen des Neuen Testaments.

Interessant ist, dass Jesus seine Aussendungsrede mit den Worten beginnt: *„Geht hin…“* Das bedeutet: Jesus war eine „Gehstruktur“ wichtig! Er möchte, dass wir den Menschen da begegnen, wo sie sich sicher und zu Hause fühlen, denn dort sind sie mehr sie selber und können sich meist mehr öffnen.

Wir haben in unseren Gemeinden häufig eine „Komm-Struktur“ etabliert. Das ist nicht grundsätzlich falsch. Doch wenn wir Leute erreichen wollen, die unseren Gemeinden bzw. der Kirche wirklich fernstehen, müssen wir zu ihnen gehen. Wir können nicht erwarten, dass sie zu uns kommen.

Möglicherweise wird auch manch einer, der der Kirche fernsteht, eine Art Kulturschock erleben, wenn er zu unseren Gottesdiensten kommt! Für uns sind die Sachen, die wir dort machen, völlig normal. Das ist aber bei jemandem, der vielleicht noch nie an einem Gottesdienst teilgenommen hat, nicht der Fall. Darum müssen wir gehen, wenn wir Fernstehende erreichen wollen!

Nachgedacht

- Was bedeutet es für dich, zu „gehen“?

Umgesetzt

- Zu wem willst du gehen?

Komm

Vertrauen will ich wieder
springen, fliegen
Lieder singen,
wissen das was Stille flüstert
wahr, dein Wille ist,
es knistert wenn ich Zukunft ahne,
Deine Dinge plane
trage, denke, wage
und verschenke
ich, verenke mich
doch spüre nichts
komm
komm
komm

komm
und explodier
in meinem monochromen Jetzt und Hier,
mit einem Feuerwerk
das meine kleine Welt noch nicht gesehen hat
und das seines gleichen sucht,
setzt mich Schachmatt
mit einem feinen Zug von Dir
und marschier
mit TammTamm und mir Huckepack
in den Sonnenaufgang.

Mark Reichmann, Karlsruhe

TAG 14

S = Segnen

Angedacht

Was sollen die Jünger nun tun, wenn sie gehen?

> *„Wenn ihr in ein Haus kommt, sprecht zuerst: Friede sei diesem Hause!"*(V.5)

Es ist bedeutungsvoll, dass Jesus seine Jünger als Erstes auffordert, den Leuten, in deren Haus sie kommen, Frieden zuzusprechen. Das bedeutet: Entscheidend ist die Grundhaltung, mit der wir unterwegs sind! Wenn wir im Sinne Jesu missional unterwegs sein wollen, sollen wir eine segnende Grundhaltung haben. Das hebräische bzw. aramäische Wort, das Jesus hier gebraucht, ist „Schalom". Schalom ist wesentlich mehr als die Abwesenheit von Krieg. Es ist Wohlergehen, Wohlbefinden, Harmonie in jeder Hinsicht - in unserer Beziehung zu anderen Menschen, in der Beziehung zu uns selbst und zur Schöpfung insgesamt und nicht zuletzt in unserer Beziehung zu Gott. Diesen Schalom sollen wir den Menschen zusprechen – und mit dieser segnenden Grundhaltung sollen wir unterwegs sein!

Ich stelle mir vor, dass Jesus mit der Herzensfrage unterwegs war: „Vater, wen können wir heute segnen?" Und dann ist Jesus losgegangen und hat auf den Vater geschaut und auf ihn gehört.

Für mich ist es total inspirierend, wenn ich mit der Frage in den Tag gehe: „Herr, für wen kann ich heute ein Segen sein?" Das verändert alles! Denn plötzlich geht es nicht mehr um mich und meine Anliegen oder Sorgen, sondern es geht um Gott und darum, was er vorhat, und auch um meinen Nächsten. Das macht den Tag richtig spannend, denn es richtet mich auf das aus, was Gott heute tun möchte!

Segnen kann ganz verschiedene Formen annehmen:

- eine positive, segnende Grundhaltung zum Anderen einnehmen;
- für den Anderen beten und hinhören, ob Gott mir etwas für ihn aufs Herz legt;
- jemandem das sagen, was Gott mir aufs Herz legt – vielleicht ein Wort der Ermutigung;
- von mir selbst wegschauen, den anderen wahrnehmen und mich fragen, was er/sie braucht;
- jemandem eine kleine Aufmerksamkeit erweisen;
- ein kleines Geschenk machen;
- und vieles andere mehr...

In unserer Nachbarschaft hat eine Familie vor Kurzem ihr zweites Kind bekommen. Geburten sind ja immer ein guter Anlass, ein kleines Geschenk zu machen. So bin ich zum christlichen Bücherladen geradelt und habe ein Geschenk und eine Karte ausgesucht. Das Geschenk war ein Büchlein, nicht zu fromm, aber dennoch mit christlichen Inhalten. Dann haben wir noch ein paar nette persönliche Zeilen auf die Karte geschrieben und ich bin zu ihrem Haus gegangen und habe es persönlich abgegeben. Als ich sie ein paar Wochen später bei einer Nachbarschafts-Glühweinparty wieder getroffen habe, kamen wir ins Gespräch. Als ich sie auf das Buch ansprach, meinte die Nachbarin, dass sie immer wieder darin lesen und die Texte sie sehr ansprechen würden. Wie einfach ist es doch, ein Segen zu sein, wenn man bewusst nach Möglichkeiten Ausschau hält!

Gehe heute ganz bewusst mit folgenden Fragen in den Tag:

Nachgedacht

- Wo kann ich heute jemand segnen bzw. wie kann ich heute ein Segen sein?

Umgesetzt

- Wen kann ich heute ermutigen oder eine kleine Aufmerksamkeit erweisen und wie kann ich das tun?

TAG 15

E = Essen (Beziehung bauen): Für Leute aus meinem natürlichen Beziehungsumfeld beten

Angedacht

Wir gehen weiter an unserem Text in Lukas 10 entlang. In Vers 7 heißt es:

> *„In demselben Haus aber bleibt, esst und trinkt … Ihr sollt nicht von einem Haus zum andern gehen.“* (V. 7)

Beim Essen baut man Beziehung! Wenn im Judentum jemand mit einem anderen aß, bedeutete das, dass er mit ihm Gemeinschaft haben wollte. Man sprach von „Tischgemeinschaft“. Auch in unserer heutigen westlichen Kultur kann man beim Essen hervorragend Beziehungen knüpfen und vertiefen – wenn man möchte!

Es ist interessant, dass Jesus explizit gesagt hat, wir sollen nicht von einem Haus zum anderen gehen. Nur wenn man in einem Haus bleibt, kann man Beziehungen bauen!

Das ***E*** für Essen steht also für den ganzen Bereich „Beziehungsaufbau“.

Die Wichtigkeit von Beziehungen im Prozess des Christwerdens wird von Studien im Bereich Gemeindebau bestätigt: Umfragen haben ergeben, dass die meisten Menschen durch einen Freund, Verwandten oder Bekannten zum Glauben an Jesus finden. Das heißt, eine vertrauensvolle Beziehung ist ausschlaggebend! Beziehung ist die Brücke, auf der Inhalte transportiert werden können. Und es liegt auf der Hand: Jemandem, dem ich vertraue, werde ich eher abnehmen, was er mir sagt. Wenn ich jemanden nicht kenne und nicht vertraue, werde ich auch seinen Worten nicht so viel Bedeutung beimessen.

Allerdings ist es wichtig, nicht nur Beziehung zu bauen, um den anderen zu Jesus führen zu können. Ein aufrichtiges Interesse an dem anderen um seiner selbst willen ist wichtig!

Man hat herausgefunden, dass jeder Mensch normalerweise einen Beziehungskreis von dreißig bis fünfzig Leuten hat, in dem er einigermaßen regelmäßig Beziehungen pflegt. Dieser Beziehungskreis umfasst Freunde, Nachbarn, Verwandte, Arbeitskollegen etc. Die Größe dieses Beziehungskreises variiert natürlich je nach Persönlichkeitstyp und Beziehungsfreudigkeit.

Ich empfinde es als hilfreich, mein natürliches Beziehungsnetz immer mal wieder durchzugehen und zu sehen, ob Gott mir in besonderer Weise jemanden oder mehrere Leute aufs Herz legt, bei denen ich mir in besonderer Weise wünsche, dass sie in der nächsten Zeit zum Glauben finden. In meinem Fall waren und sind das besonders Leute aus meiner Nachbarschaft, meinem Freundes- und Bekanntenkreis und meiner Verwandtschaft.

Für diese Leute bete ich regelmäßig und mache mir auch Gedanken über sie. Für manche dieser Menschen bete ich schon mehrere Jahre – besonders aus meiner Verwandtschaft. Wenn Gott mir irgendetwas für diese Menschen aufs Herz legt, schreibe ich mir das auf. Das kann eine Idee sein, was ich der betreffenden Person sagen oder sonst irgendetwas, mit dem ich diese Person segnen kann.

Nachgedacht

- Gibt es Menschen, die Gott dir in besonderer Weise aufs Herz legt, dass du zu ihnen Beziehung bauen und für sie beten sollst? Schreibe diese Personen mit Namen auf!

Umgesetzt

- Zeigt dir Gott etwas, während du für diese Personen betest? Wenn ja, was ist das?

TAG 16

E = Essen (Beziehung bauen): Wieder in die Nachbarschaft einziehen

Angedacht

Ein ganz wichtiger Personenkreis, den wir ganz organisch erreichen können und zu dem wir bewusst Beziehungen bauen können, sind unsere Nachbarn. Darum spreche ich gerne von „wieder in die Nachbarschaft einziehen" (moving back into the neighborhood).

Ich glaube auch, dass wir einen großen Teil der „Menschen des Friedens" (siehe Tag 18), mit denen Gott uns in Kontakt bringen will, in unserer Nachbarschaft finden können. Wir werden sie aber nur finden, wenn wir beginnen, zu ihnen eine Beziehung aufzubauen!

Leider ist unser heutiges Leben so, dass es uns häufig aus unserer Nachbarschaft „herauszieht". Wir sind oft viel zu beschäftigt, um Beziehungen mit den Menschen zu bauen, die uns örtlich am nächsten sind – unseren Nachbarn. Andererseits liegt in nachbarschaftlichen Beziehungen eine enorme missionale Chance. Denn es ist in unserer Nachbarschaft, wo andere Menschen ganz natürlich mitbekommen, wie wir leben, wie wir miteinander umgehen, wie wir mit unseren Kindern umgehen, möglicherweise bis dahin, wie wir Konflikte lösen (besonders wenn es dabei etwas lauter zugeht) etc. Es ist in erster Linie in unserer Nachbarschaft, wo Menschen ganz natürlich sehen können, ob wir ein Leben führen, das sich nachzuahmen lohnt! Darum lasst uns wieder in unsere Nachbarschaft einziehen! Vielleicht muss der eine oder andere ganz bewusst die Entscheidung treffen, genau das zu tun.

Ich erinnere noch einmal an Eugene Petersons Übertragung von Johannes 1,14: *„The Word became flesh and blood, and moved into the neighborhood."* Das Wort wurde Fleisch und Blut und zog in die Nachbarschaft ein!

Genau das haben wir ganz bewusst gemacht, als wir als ganze Familie nach Nordamerika gezogen sind. Wir sind mitten in das Reservat gezogen, in die unmittelbare Nachbarschaft der Indianer, um „einer von ihnen" zu werden – mitten hinein in ihre Armut mit all ihren Alkohol- und Beziehungsproblemen.

Später sagte uns einer von ihnen, die durch uns zum Glauben an Jesus gefunden haben: „Wenn ihr nicht in das Reservat gezogen wärt und mitten unter uns gelebt hättet, hätte ich euch nicht vertraut und mich auch nicht für euch geöffnet, denn ich hätte niemals das Gefühl gehabt, dass ihr uns verstehen könnt und wirklich wisst, was hier abgeht."

Kurz nach unserer Ankunft und unserem Einzug auf dem Reservat hörten wir, dass etliche weiße Amerikaner der Meinung waren, dass das zu riskant sei, besonders für unsere Kinder – eine solche Umgebung von Gewalt, Drogen, Alkohol etc. sei zu gefährlich. Aber uns und unseren Kindern ist nie etwas passiert (abgesehen von zwei geklauten Fahrrädern – aber das kann einem überall geschehen).

Zurück in Deutschland versuchen wir nun auch wieder zu unseren Nachbarn Beziehungen aufzubauen. Geprägt durch unsere Zeit in dem Reservat, verstehen wir, wie wichtig es ist, bei Nachbarschaftsfesten – wie z.B. Grillfesten, Glühweinpartys etc. – dabei zu sein. Und wir haben gelernt, wie wichtig es ist, sich Zeit für spontane Begegnungen zu nehmen, die sich manchmal zwischen Tür und Angel oder von Nachbarzaun zu Nachbarzaun ergeben. Diese kurzen Begegnungen bilden häufig die Grundlage für spätere tiefergehende Gespräche!

Da mir das Thema „moving back into the neighborhood“ so wichtig ist, habe ich hier mehr Fragen als sonst:

Nachgedacht

- Wie stark bist du präsent in deiner Nachbarschaft (z.B. bei Nachbarschaftsfesten)?
- Wie stark bist du gedanklich, emotional und im Gebet präsent?
- Wie gut kennst du deine Nachbarn? Weißt du, was deine engeren Nachbarn beschäftigt und bewegt?
- Wie gut nutzt du die spontanen, ungeplanten Begegnungen auf der Straße, im Treppenhaus oder am Gartenzaun, um mit deinen Nachbarn ins Gespräch zu kommen und Beziehung zu bauen?

Umgesetzt

- Welche Ideen kommen dir, was du ganz praktisch machen könntest, um mehr in deiner Nachbarschaft präsent zu sein und mehr mit deinen Nachbarn zu connecten? (z.B. Zeit auf dem öffentlichen Spielplatz verbringen, Nachbarn zu einer Grillparty oder zu Kaffee und Kuche einladen etc.).

TAG 17

E = Essen: Beziehungsbau mit etwas verbinden, was du gerne machst

Angedacht

Es gibt Dinge, die jeder von uns gerne macht - sei es walken, joggen, kochen, Modellauto fahren oder sonst etwas. Manchmal entwickeln sich diese Dinge in unserem Leben zu einem Hobby. Wenn du das Knüpfen von Beziehungen und das Gespräch mit Nichtchristen mit etwas verbinden kannst, was du gerne machst, wird dir dies umso leichter fallen.

Ich mache z.B. selber gerne Sport. Wenngleich Joggen in Gottes Schöpfung mein Lieblingssport ist, gehe ich doch auch nicht ungern (besonders bei schlechtem Wetter) ins Fitness-Studio. Da ich mit der Haltung unterwegs bin, Leute kennenzulernen, bin ich schon mit jeder Menge Leute ins Gespräch gekommen – und es waren auch schon einige tiefe Gespräche dabei. So bin ich einer vom „Stamm“ der Fitnesstreibenden geworden, um die Fitnesstreibenden zu erreichen. Das ist nicht schwer und macht zugleich Spaß. Nach einiger Zeit des Beziehungbauens hat sich eine Trainerin für das interessiert, was wir in dem Reservat gemacht haben. Als ich ihr Bilder auf meinem Laptop gezeigt und von unserer Arbeit erzählt habe, gesellten sich eine weitere Trainerin und mehrere Sportler dazu. Da man eine sozialmissionarische Arbeit und die damit verbundenen Lebensveränderungen von drogen- und alkoholabhängigen Indianern nicht ohne Jesus erklären kann, war Jesus ein ganz natürlicher Bestandteil unseres Gespräches.

Andere gehen vielleicht gerne mit anderen zusammen walken, joggen oder kochen oder backen etwas zusammen etc.

Ich kenne eine Frau, die gerne kocht und backt und andere Frauen dabei einbezieht. Ganz ungezwungen ergeben sich tiefe, persönliche Gespräche, in denen ihr Glaube vorkommt.

Eine andere Möglichkeit ist, sich bewusst einem Verein anzuschließen. In dem lesenswerten Buch „Die Zukunft gestalten. Innovation und Evangelisation in der Kirche des 21. Jahrhunderts" erzählt Michael Frost die eindrückliche Geschichte, wie er mit seiner Tochter bei einem Spaziergang eine Gruppe Modellautofahrer kennengelernt und sich Gedanken gemacht hat, wie man sie erreichen könnte. Die „traditionellen" Methoden wie das Einladen zu gemeindlichen Veranstaltungen etc. würden nicht ausreichen, da sich im besten Fall vielleicht Einzelne aus diesem „Vorort-Stamm" bekehren würden. Man müsste sich ein Modellauto besorgen (oder noch besser, die Gemeindeleitung würde für Gemeindemitglieder, die da mitmachen wollen, ein paar Modellautos kaufen) und sich ihrem „Verein" anschließen. Wenn sich die Modellautofahrer am Sonntagvormittag treffen würden, sollten die betreffenden Leute von der Gemeindeleitung von gottesdienstlichen Verpflichtungen freigestellt werden. Dann könnten sie mit den Modellautofahrern Zeit verbringen, Rennen fahren, Autos reparieren etc. und sich so das Recht verdienen, mit den Clubmitgliedern über ihre Liebe zu Jesus zu reden. So könnten sie mitten unter ihnen Gemeinde gründen.[11]

Nachgedacht

- Was machst du gerne?

Umgesetzt

- Wie kannst du das mit etwas Missionalem verbinden?

11 Michael Frost, Alan Hirsch: Die Zukunft gestalten. Innovation und Evangelisation in der Kirche des 21. Jahrhunderts, S. 82+83

TAG 18

E = Essen (Beziehung bauen): „Menschen des Friedens" finden

Angedacht

In dem Text in Lukas 10 fordert Jesus uns auf, „Menschen des Friedens" zu finden.

Es heißt in Vers 6: *„Und wenn dort ein Kind des Friedens ist, so wird euer Friede auf ihm ruhen."* Luther übersetzt „Kind des Friedens". Das ist ein wenig irreführend. Man denkt dann an Kinder. Wörtlich heißt es „Sohn des Friedens". Das griechische Wort *uios* meint auch den erwachsenen Sohn, sodass man es besser mit „Mensch des Friedens" übersetzen sollte – wie viele englische Übersetzungen es tun („man of peace" z.B. NIV, NAS).

Wer sind diese Menschen?

Eine Möglichkeit ist, dass Jesus Menschen meint, die geistlich offen sind bzw. offen für das, was man ihnen von Gott vermitteln möchte. Interessanterweise sagt Jesus: *„So wird euer Friede auf ihm ruhen …"* Das bedeutet, dass das, was man von Gott weiterzugeben hat, bei dieser Person auch ankommt und bei ihr bleibt.

Es gibt noch eine weitere Möglichkeit: Meiner Erfahrung nach gibt es in jeder Kultur oder Volksgruppe bzw. Nachbarschaft „Menschen des Friedens". Das sind Menschen, die in der jeweiligen Umgebung anerkannt sind als Menschen, die Versöhnung und Frieden bringen und dort einen positiven Einfluss ausüben. Solche Menschen genießen in ihrem Umfeld normalerweise Anerkennung. Das Schöne ist: Wenn man eine Beziehung zu so einem Menschen aufbauen kann und dieser anfängt, einem zu vertrauen, bekommt man auch Zugang zu dem Personenkreis, in dem er anerkannt ist. Diese Person führt einen dann sozusagen in ihren Freundeskreis ein, in dem sie respektiert ist.

Genau das haben wir auf dem Indianerreservat erlebt: Wir haben sowohl nach Indianern Ausschau gehalten, die offen waren für das, was wir ihnen von Jesus gesagt haben, als auch nach Indianern, die ein Herz für das Reservat haben und Frieden stiften und auch als solche anerkannt sind. So sind wir auf mehrere Personen gestoßen. Eine davon war eine Indianerin, die schon viele Jahre im „Tribal Council" war (das ist die Stammesleitung, die aus sieben Personen besteht). Durch sie hat Gott uns viele Türen in dem Reservat geöffnet und wir haben automatisch Zugang zu den Menschen gefunden, bei denen sie anerkannt war. Im Laufe der Zeit hat sie sich auch mehr und mehr selber für Jesus geöffnet und hat dann eines Tages ihr Leben Jesus übergeben. Sie war also eine Person des Friedens im zweifachen Sinn des Wortes.

Halte also Ausschau nach Menschen des Friedens in deiner Nachbarschaft, Stadt, deinem Freundeskreis, an deinem Arbeitsplatz etc. Baue eine Beziehung zu ihnen auf und versuche herauszufinden, was Gott gerade tun möchte!

Nachgedacht

- Wer könnten Personen des Friedens in deiner Nachbarschaft, deinem Freundeskreis, an deinem Arbeitsplatz, in deiner Verwandtschaft oder sonstigem Umfeld sein?

Umgesetzt

- Welche praktischen Wege siehst du, mit diesen Menschen mehr in Kontakt zukommen?

TAG 19

G = Gott einladen: schon im „Vorfeld"

Angedacht

Weiter sagt Jesus in Lukas 10,9:

„... und heilt die Kranken ..."

Wenn man das etwas weiter fasst, bedeutet das: „Ladet Gott ein, etwas zu tun!"

Wenn wir uns das Leben von Jesus und Paulus anschauen, sehen wir, dass die „übernatürliche Komponente" integraler Bestandteil ihres Dienstes war. Kranke wurden gesund, dämonisch Belastete wurden freigesetzt, prophetische Worte wurden ausgesprochen, Tote wurden auferweckt etc. Das Neue Testament ist voll davon!

John Wimber, der Gründer der Vineyard Gemeindebewegung, hat diesen Bereich „Power Evangelism"[12] genannt. Seine Gemeinde hat enormes Wachstum erlebt, als deren Mitglieder auf die Straßen gegangen sind und dort die „Werke Jesu" getan und das Evangelium verkündigt ha-

12 John Wimber + Kevin Springer: Power Evangelism. Der deutsche Titel lautet: Vollmächtige Evangelisation.

ben. Er nannte das - frei nach Johannes 14,12, wo Jesus sagt, dass wir als seine Nachfolger die gleichen Werke wie er tun werden - „doing the (kingdom) stuff“. Mit anderen Worten: Er hat die Gaben des Heiligen Geistes auf die Straße gebracht!

Das ist ein äußerst spannender Teil, denn wir wünschen uns ja, dass Gott etwas tut – Gott sozusagen „auftaucht“ und an unseren Nachbarn, Freunden, Verwandten und Arbeitskollegen wirkt. Es geht nicht nur darum, gute Nachbarn zu sein (so wichtig das ist!), sondern Gott zu bitten, dass *er* etwas tut.

Dieses „Gott einladen“ kann in der Situation, aber auch schon im Vorfeld geschehen, wenn ich Gott frage, wen ich heute segnen kann, oder wenn ich für jemanden bete – oder überhaupt in meiner Stillen Zeit.

Es kann passieren, dass:

- Gott dir den Impuls gibt, eine bestimmte Person anzurufen oder jemandem einen Brief, eine Karte oder Email zu schreiben;
- Gott dir Gedanken gibt, was er einer Person sagen möchte;
- Gott dir aufs Herz legt, einer Person in einem ganz konkreten Bereich Hilfe anzubieten, oder
- Gott dir den Impuls gibt, jemandem ein (kleines) Geschenk zu machen.

Ich wurde einmal von einer Indianerin gefragt, ob ich bereit wäre, mich seelsorgerlich um ihren Sohn zu kümmern, der im Gefängnis saß. Er hatte unter Drogeneinfluss zwei Weiße umgebracht und war Teil einer Bande. (Von ihm habe ich bereits kurz an Tag 9 berichtet.) Es war weit jenseits meiner „Wohlfühlzone", mich darauf einzulassen und ins Gefängnis zu gehen. Bei der Vorstellung, bald einem Doppelmörder gegenüberzustehen, wurde mir sehr unbehaglich. So lud ich Gott in die Situation ein und fragte ihn, was ich tun sollte. Ich bekam immer mehr Frieden über die Situation und hatte das zunehmende Empfinden, dass ich mich darauf einlassen sollte und hier vielleicht ganz unerwartet eine Türe für unseren Dienst im Reservat aufgehen könnte. So sagte ich zu. Als ich im Gefängnis war, wurde ein 15-jähriger Indianer zu mir gebracht, der recht verwirrt war. Er war sehr misstrauisch - fing aber an, sich Stück für Stück zu öffnen. Nach vielen Gesprächen wollte er dann sein Leben Jesus übergeben und wurde ein Brückenbauer zu vielen anderen Jugendlichen im Gefängnis – besonders zu Jugendlichen aus seiner Bande. Und es gingen noch weitere Türen auf. Da sich die Eltern der Jugendlichen interessierten, wie es ihren Kindern im Gefängnis ging, besuchte ich auch die Eltern. Auf diese Weise bekamen wir viele Kontakte und haben das Vertrauen von vielen Indianern aus dem Reservat gewonnen. Wir wurden primär als Pastoren gesehen, die sich um die Jugendlichen kümmern, die in Schwierigkeiten sind - fast schon im Sinne von „christlichen Sozialarbeitern". Wenn wir in erster Linie als „Missionare" gesehen worden wären, wäre es vermutlich wesentlich schwieriger geworden, das Vertrauen der Indianer zu gewinnen, da Missionare auf Grund der Geschichte sehr negativ gesehen werden.

Hätte ich Gott nicht im Vorfeld eingeladen und gefragt, was ich tun soll und wäre ich in meiner Wohlfühlzone geblieben, hätte sich das Ganze nicht entwickelt.

Nachgedacht

- Hast du schon einmal erlebt, dass Gott dir im Gebet etwas für einen Menschen aufs Herz gelegt hat?

Umgesetzt

- Schreibe auf, welche Impulse dir Gott gibt. Setze sie um!

TAG 20

G = Gott einladen: in der Situation

Angedacht

Wenn wir Gott direkt in der betreffenden Situation einladen, können interessante Dinge passieren. Es kann sein, dass:

- Gott dir aufs Herz legt, der betreffenden Person Gebet anzubieten;
- Gott dir ein Wort für die Person gibt. Das kann ein ermutigendes oder tröstendes Wort sein. Es kann aber auch ein Wort sein, das – wie bei Nathanael (siehe Johannes 1,47–50) – ein charakteristisches Kennzeichen der Person hervorhebt und ihr so zeigt, dass Gott sie kennt und weiß, wo sie innerlich steht. Es kann auch ein Wort sein, das die Person in einem „sensiblen Bereich" ihres Lebens anspricht.
- Gott dir ein „übernatürliches" Mitgefühl für die Person gibt, mit der du redest, und damit seine Gefühle für die Person zum Ausdruck bringt;

- Gott „auftaucht“ und dieser Person, der du Gebet angeboten hast, durch körperliche oder emotionale Heilung berührt, während du für sie betest;
- Gott die Person auf eine andere unvorhergesehene Weise berührt. Ich habe z.B. schon des Öfteren erlebt, dass Menschen ihren inneren Schmerz zugelassen und geweint haben, während ich für sie betete – und dass dann Gottes Trost hineinkam.

Jesus sagt: *„Wahrlich, wahrlich, ich sage euch: Wer an mich glaubt, wird die Werke auch tun, die ich tue, und wird größere als diese tun; denn ich gehe zum Vater.“* (Johannes 14,12).

Wir haben in dem Indianerreservat immer wieder Familien in ihren Häusern besucht. Einmal war ich bei einer Familie, in deren Haus auch eine alleinerziehende junge Mutter mit ihrem kleinen Kind wohnte. Während des Gesprächs kam mir plötzlich das Wort „Bitterkeit“ in den Sinn. Ich sagte im Stillen: „Herr, das kann nicht sein. Diese Indianerin strahlt viel mehr Lebensmut und Freude aus als all die anderen, die ich kenne.“ Aber das Wort „Bitterkeit“ kam wieder und blieb in meinem Geist. So habe ich mich durchgerungen, die Frau zu fragen, ob es irgendetwas geben würde, worüber sie bitter sei. Da brach es aus ihr heraus und sie erzählte mir von ihrem Cousin, der vor etwas mehr als einem Jahr in einer Auseinandersetzung von zwei verfeindeten Banden auf dem Reservat getötet worden war. Sie wurde von negativen Gefühlen gegenüber dem Täter förmlich aufgefressen. Ich habe ihr dann noch in ihrem Haus Gebet angeboten, was sie dankbar angenommen hat. Später kam sie dann auch immer mal wieder zu unseren Treffen und hat auch an einer Gruppe teilgenommen, die wir für Indianer angeboten haben, die von Süchten frei werden wollten.

Ein anderes Mal hat mich eine Indianerin gebeten, sie mit dem Auto zu ihrem Vater zu bringen. Unterwegs musste ich zum Tanken an einer Tankstelle anhalten. Ich ging in die Tankstelle, um noch etwas zu holen, während die Frau in meinem Auto wartete. Plötzlich kamen mir völlig unvermittelt die Worte in den Sinn: „Achtung, Andreas, sie stiehlt deinen Geldbeutel!" Das traf mich völlig unvorbereitet, denn damit, dass jemand mir etwas klauen würde, hatte ich nicht im Entferntesten gerechnet. Ich schaute durchs Tankstellenfenster und sah, wie sie sich gerade nach hinten lehnte und nach irgendetwas in meinem Auto griff. Ich lief sofort zum Auto zurück, bat sie, das Fenster herunterzukurbeln, und sagte fest und bestimmt: „Gib mir meinen Geldbeutel zurück!" Sie zuckte mit den Achseln und rief zurück: „Welchen Geldbeutel?" Meine innere Gewissheit war so groß, dass ich sie drei Mal aufforderte, sie solle mir meinen Geldbeutel zurückgeben, während sie mir immer die gleiche Antwort gab. Das war eigentlich ziemlich riskant, denn ich hatte ja nichts gesehen. Schlussendlich rückte sie meinen Geldbeutel heraus. Ein paar Wochen später machte ich meine übliche Besuchsrunde im Gefängnis, um mit einsitzenden Indianern zu reden. (Der Prozentsatz von Indianern, die mit dem Gesetz in Konflikt kommen, ist sehr hoch.) Da saß diese Frau im Besuchsraum und wollte unbedingt mit mir reden. (Sie war wegen eines anderen Diebstahls ins Gefängnis gekommen.) Woher ich denn gewusst hätte, dass sie meinen Geldbeutel geklaut habe, wollte sie wissen. Ich deutete nach oben und sagte: „Jesus hat es mir gezeigt." Da war sie völlig von den Socken! Sie hatte gedacht, ich wäre ein Hellseher. Ich konnte mir nicht verkneifen hinzuzufügen: „You think you can fool a pastor, but you can't fool the Holy Spirit!", also: „Du denkst, du kannst einen Pastor an der Nase herumführen – aber den Heiligen Geist kannst du nicht austricksen!" Ich habe mich dann über die nächsten Wochen hinweg immer wieder mit ihr getroffen. Ein paar Wochen danach wollte sie diesen Jesus kennenlernen, der sie so gut kannte, dass er mich darauf aufmerksam gemacht hatte, dass sie meinen Geldbeutel geklaut hatte - und übergab ihr Leben Jesus.

Nachgedacht

- Hast du schon einmal erlebt, dass Gott dir, während du mit einem Menschen geredet hast, einen „Eindruck" gegeben hat? Wenn ja, was war das?

Umgesetzt

- Was kannst du tun, um deine Sensibilität Gottes Stimme gegenüber im Alltag zu erhöhen?

TAG 21

G = Gott einladen: Taten der Barmherzigkeit und Dinge, die direkt vom Himmel kommen

Angedacht

Wir haben in dem Reservat gelernt, dass es eine besonders kraftvolle Kombination gibt, die das Herz von Menschen in besonderer Weise berührt: Taten der Barmherzigkeit in der Kombination mit etwas „Übernatürlichem". Letzteres kann ein prophetisches Wort sein, durch das Gott direkt in das Leben eines Menschen hineinspricht, eine Heilung oder sonst irgendeine Art von Kraftwirkung. Taten der Barmherzigkeit können einfach Taten der aktiven Nächstenliebe sein, wie z.B. praktische Hilfeleistungen. Wenn wir mitten in diesen praktischen Tätigkeiten auf Gott hören und Gott uns etwas aufs Herz legt, kann das etwas ganz Tiefes bewirken, denn durch die Tat der Barmherzigkeit hat sich das Herz des Menschen geöffnet. Taten der Barmherzigkeit zeigen die Liebe Gottes – Dinge, die vom Himmel kommen, offenbaren die Kraft Gottes!

Es gibt einen schönen Spruch, der uns immer wieder geleitet und Orientierung gegeben hat: „People don't care how much you know until they know how much you care!" „Es kümmert (interessiert) die Leute nicht, wie viel du weißt, bis sie wissen, wie sehr du dich um sie kümmerst!" Wenn jemand spürt, dass du dich aufrichtig um ihn kümmerst, öffnet sich sein Herz dir gegenüber!

Manchmal habe ich das Gefühl, dass Jesus auseinanderdividiert wird in einen „sozialen Jesus", der die Menschen praktisch liebt, und einen „rettenden Jesus", der sich um die Seelen der Menschen bemüht und sie für die Ewigkeit retten möchte. Was wäre, wenn Jesus uns als seinen Jüngern aufgetragen hätte, unseren Nächsten zu lieben, weil wir damit die Liebe Gottes sichtbar machen? Dann würde beides zusammenkommen! Denn durch diese Liebe öffnen sich Menschen für unseren rettenden Gott!

Wir haben im evangelischen Bereich die Tendenz, Werke oder Taten als unbedeutend hinzustellen, da sie uns ja nicht in den Himmel bringen. Es gibt aber ein interessantes Wort von Jesus, mit dem er uns auf die Wichtigkeit von guten Taten aufmerksam macht: *„So lasst euer Licht leuchten vor den Leuten, damit sie eure guten Werke sehen und euren Vater im Himmel preisen"* (Matthäus 5,16). Das heißt, dass unsere guten Taten auf Gott verweisen! Sie offenbaren etwas von dem Wesen Gottes, von der *„Freundlichkeit und Menschenliebe Gottes"*, wie Paulus in Titus 3,4 schreibt. So sprechen Michael Frost und Alan Hirsch in ihrem lesenswerten Buch „Die Zukunft gestalten" von Taten bzw. Aktionen als „Sakrament"[13] und weisen darauf hin, dass

13 Michael Frost, Alan Hirsch: Die Zukunft gestalten. Innovation und Evangelisation in der Kirche des 21. Jahrhunderts, S. 223ff.

unsere Taten einen offenbarenden Charakter[14] haben. Sie offenbaren etwas von Gott, von seinem Wesen und Charakter!

Wir haben einmal einer Indianerin beim Umzug geholfen. Als zur angesetzten Uhrzeit noch niemand da war und die Frau nervös wurde, haben wir ihr angeboten, für den Umzug und alles, was dazu gehört, zu beten. Kurze Zeit später bogen die ersten Autos der Helfer um die Ecke. Das war natürlich nicht völlig übernatürlich, aber dennoch eine Gebetserhörung. Wir haben dann den ganzen Tag im Schweiße unseres Angesichts gearbeitet. Als wir um ca. 23 Uhr fertig waren, haben wir ihr wieder Gebet angeboten. Gern hat sie eingewilligt. Mitten im Gebet, in dem wir primär Gott gedankt haben, wurde sie von Gottes Kraft und Liebe berührt, sodass sie anfing zu weinen. Dieser Tag, an dem sie eine Kombination aus Taten der Barmherzigkeit und Dingen, die direkt vom Himmel kommen, erlebt hat, hat sie Gott einen großen Schritt näher gebracht.

14 a.a.O. S. 229

Nachgedacht

- Hast du diese Kombination aus der Liebe Gottes und der Kraft Gottes in deinem Leben schon einmal erlebt? Was hat das bewirkt?
- Wie siehst du den Wert von Taten? Ist praktisches Dienen für dich minderwertig im Verhältnis zu geistigen Dingen?

Umgesetzt

- Wem könntest du in dieser Woche praktisch mit irgendetwas helfen? Was könntest du tun?

TAG 22

E = Erklären: die Frage nach der Relevanz

Angedacht

Jesus sagt in Lukas 10,9: *„… und sagt ihnen: Das Reich Gottes ist nahe zu euch gekommen."*

Etwas erweitert könnte man sagen: Erklärt ihnen die Dinge des Reiches Gottes. Das Ziel des Erklärens ist, das Menschen zu einer persönlichen, lebensverändernden Beziehung zu Jesus Christus finden. Er ist das Zentrum und die zentrale Person des Reiches Gottes. Das Reich Gottes bricht da an, wo Jesus ist und wo er das Sagen hat!

Eine große Herausforderung beim „Erklären" ist die Frage nach der Relevanz, denn die meisten unserer Zeitgenossen erwarten weder vom Christentum noch von der Bibel eine Lösung für ihre Probleme – und leider auch nicht von Jesus.

Meine eigene Geschichte ist ein gutes Beispiel dafür: In meinen Teenagerjahren hat mich die Frage nach dem Sinn des Lebens stark beschäftigt – so stark, dass ich mich intensiv mit Philosophie, Psychologie, Religion etc. auseinandergesetzt habe, um eine Antwort auf diese Frage zu finden. Ich dachte immer wieder, dass ich Antworten gefunden hätte, aber sie haben auf Dauer nicht getragen. Mehrere Jahre lang kam ich nicht auf die Idee, dass das Christentum oder die Bibel etwas Relevantes zu diesem Thema zu sagen haben könnte – bis mich eines Tages eine Klassenkameradin zu ihrer Jugendgruppe einlud. Diese Klassenkameradin war mir dadurch aufgefallen, dass sie Frieden ausstrahlte und sich auch nicht an negativem Gerede über andere beteiligte. Gerne folgte ich ihrer Einladung und war gespannt, was mich erwarten würde. Ich spürte relativ schnell, dass diese jungen Leute etwas hatten, was ich nicht hatte. Als wir dann im Gespräch auf den Sinn des Lebens kamen und sie mir erzählten, dass der Sinn des Lebens darin bestehen würde, in einer engen Beziehung mit Gott zu leben und herauszufinden, wozu Gott einen berufen hat, konnte ich damit sofort etwas anfangen. Es war für mich relevant!

Was war passiert? Zunächst einmal bin ich durch einen glaubwürdigen christlichen Lebensstil aufmerksam geworden - und dann war ein zentraler Aspekt des Evangeliums relevant für mich. Dass Jesus gekommen ist, um unsere Beziehung zu Gott wiederherzustellen und uns *„Leben in ganzer Fülle"* (Johannes 10,10b NGÜ) zu geben, war zu einer Antwort auf die Sinnfrage geworden, die mich stark beschäftigte. So habe ich weiter Gespräche mit ihnen gesucht und im Laufe der Zeit weitere Aspekte des Evangeliums entdeckt: Vergebung, Neuanfang, Lebensübergabe, Veränderung etc. So hat es nicht lange gedauert und ich übergab mein Leben Jesus.

Es gibt einen interessanten Bibelvers, der uns bei der Frage nach der Relevanz helfen kann. Er wird auch „das Evangelium im Evangelium“ genannt:

> *Denn also hat Gott die Welt geliebt, dass er seinen eingeborenen Sohn gab, auf dass alle, die an ihn glauben, nicht verloren werden, sondern das ewige Leben haben.* (Joh.3,16)

Dieser Vers spricht davon, dass Jesus gekommen ist, um „Verlorenheit“ zu überwinden. Diese Verlorenheit wird ja auch schon im Hier und Heute erlebt und nicht erst nach dem Tod. Sie äußert sich in innerer Leere, Unerfülltsein, Beziehungszerbruch etc. Die meisten Menschen suchen nach „mehr“ im Leben – sei es nach einem tieferen Sinn, sei es nach bedeutungsvollen Beziehungen, sei es nach mehr Lebensqualität. Manchmal ist es einfach eine Suche nach einer vagen „Erfüllung“. So verwende ich auch gerne das Bild von dem „gottesförmigen Loch“. Es besagt, dass Gott uns mit einem „Loch“ im Herzen geschaffen hat, das nur er ausfüllen kann. Ich male manchmal bei einem Gespräch – wenn es passt – ein Bildchen auf eine Serviette oder was sonst so rumliegt. Das könnte dann etwa so aussehen:

Wir versuchen, alle möglichen anderen Dinge in dieses Loch in unserem Herz zu stecken, wie z.B. Beziehungen zu anderen Menschen, Geld, Besitz, Sex etc. Diese Dinge müssen nicht notwendigerweise schlecht sein, aber das Loch lässt sich damit nicht füllen, da nur Gott es füllen kann. Leider versuchen wir häufig, mehr und mehr von dem anderen „Zeug" hineinzustopfen, um uns „erfüllt" zu fühlen. Das führt in der Regel dazu, dass wir beginnen, diese Dinge zu vergötzen.

Der Kirchenvater Augustin hat einmal gesagt: „Unser Herz ist so lange unruhig, bis es Ruhe findet in dir, o Gott!"

Nachgedacht

- Wenn du über deinen Weg zu Gott nachdenkst, wo war für dich Jesus bzw. die Botschaft der Bibel relevant und hat Fragen beantwortet, die du hattest?

Umgesetzt

- Welche Aspekte des Evangeliums könnten für Einzelne mit denen du im Gespräch bist, besonders relevant sein?

...EIN FUNKE VON SPARK

Was ist Missional?

28. März, 2016 / Marlin Watling

Spark zielt voll auf Missional ab. Dieser Gedanke eint uns und treibt uns voran. Doch was genau ist „Missional"? Im letzten Community-Treffen haben wir darüber geredet. Hier sind die 5 Akte von Missional:

1. AKT – ALLES IST SEIN REVIER

Das Problem: Industriegebiet. Sonntag für Sonntag fahren zig Menschen in die Industriegebiete in deutschen Städten, singen zu Jesus und beten für ihren Nächsten. Nur die Nächsten sind Maschinen. Gepredigt werden häufig Moral und Ideale, die man dann im Alltag umsetzen will.

Der Ursprung: Epikur. 300 vor Christus entledigte sich dieser griechische Philosoph von allen Gotteskomplexen. Er sagte, alles nimmt seinen Lauf, die Naturgesetze wirken. Gott mag es irgendwo geben, aber dem Laufe der Dinge ist das egal. Diese Pille hat die Aufklärung, und später die Moderne geschluckt, und die Christen haben sich damit arrangiert. Irgendwie ist der Gott-weg-Reflex so stark in unsrer Gesellschaft, dass Jesus auch nur noch für „geistliche" Wahrheiten zuständig ist. Geist und Welt sind getrennt. Der Alltag und das Heilige auch. Es gibt einen Split-Level View: oben wo Gott ist, und unten wo wir Menschen sind. Selbst „übernatürliche" Gemeinden feiern lediglich das punktuelle Durchdringen dieser Dynamik: Gott bricht durch, aber die Weltsicht ist geteilt.

Die Antwort: Schöpfungs-Monotheismus. Zugegeben, das ist ein Wortmoloch. Aber die Idee ist einfach: Schöpfung passierte durch Gott. Er hat alles gemacht. Alles ist sein. Jedes Molekül hängt an seinen Fingern. Es gibt kein einziges säkulares Element im Universum. Und dazu noch: es gibt nur einen Gott. Das große Bekenntnis der Juden heißt Sch´ma: Siehe, der Herr dein Gott ist ein Gott. Einer. Über alles. In allem. Das ist der sehr weit gespannte Blickwinkel von Missional. Und dieser hat Jesus im Fokus: 1. Kor 8,6. Die Welt ist von und für Gott. Alles ist sein Revier.

2. AKT – NACHBARSCHAFT

Das Problem: der Sonntagmorgen. Die Sache mit dem Gottesdienst. Eigentlich echt schön, und ohne ihn geht es sicherlich nicht. Aber irgendwie unterwandert er die ganze Richtung des Glaubens. „Gehen wir in die Gemeinde?" fragen meine Kinder – und meinen ein Event. Ein Hoch auf Leute, die zusammen kommen, sich kennen und miteinander unterwegs sind. Aber die Form prägt die Botschaft.

Der Ursprung: Aristoteles. Wieder ein Grieche, dieses Mal 350 v. Chr. Der bekannteste Philosoph ever hat die Welt mit einer Idee incepted[15]: das Glück ist das oberste

15 Incepted ist eine Wortschöpfung in Anlehnung an den Film „Inception", wo die Idee eingeführt wird, dass Ideen tief ins Unterbewusstsein gepflanzt werden und die Sicht der Realität ändern.

Gut. In der amerikanischen Verfassung ist dieses sogar festgeschrieben: "the pursuit of happiness". Und Sonntag für Sonntag gibt es eine christliche Version davon. Dein Potenzial, deine Berufung, deine Identität. Das Ding ist: die individuelle Glücksmaschine ist zu kurz gesprungen. Gott will nicht nur unser Glück. Das auch. Aber weit mehr!

Die Lösung: Imago Dei und Inkarnation. Gott schuf uns in seinem Ebenbild. Mit der Sünde wird das entstellt und verdreht. Durch Erlösung wird die ursprüngliche Form wiederhergestellt. Deshalb wurde Jesus Mensch. Er lebte als Gottes Ebenbild. Und er starb, um unsere Vergehen auf sich zu nehmen – und zu besiegen. Jetzt sind wir eine „neue Kreatur". Und alle Moral, alle Wunder sollen dahin führen, dass wir Ebenbilder Gottes sind und sein Wesen in die Welt tragen. „Bebauen und bewahren" hieß es am Anfang. Ein Stück Land nehmen und dort Verantwortung übernehmen, dass Gottes weise Führung umgesetzt wird. Unser Postleitzahlengebiet ist unsere Mission. Verortung nennt es Johannes Reimer. Weg vom Mc Drive Standardfutter, das easy reingeschaufelt wird. Und hin zu der Nahrung, die uns seine Hände und Füße sein lassen.

3. AKT – ALLE SPIELEN MIT

Das Problem: die Bühne. In den letzten 10 Jahren boomen Lifestyle Kirchen. Mit Hairspray und Deo auf der Toilette und mehr Anglizismen als MTV. Es ist fast unweigerlich: wenn die Gemeinde auf über 200 Leute wächst, dann fängt die Bühne an ihre Rolle zu zementieren. Charismatische Redner betütteln das Volk und vermitteln große Emotionen.

Der Ursprung: Konstantin. Man vergisst fast, dass die ersten Christen ohne Lichtshow und Professionalität auskamen. Erst seit 300 n. Chr. wurde das Christentum etabliert, bekam tolle Gebäude und auf einmal war das ein Platz für große Talente (und große Egos). Was wie ein Sieg bei Konstantin aussah, war eine zwiespältige Geschichte. Profis wurden mehr und mehr gefragt. Und das Fußvolk durfte schön artig zuhören und seine Rolle spielen. Nur führt das zu einer Passivität in der Kirche. Wie bei einem Spiel Barca gegen Real – 22 Leute geben ihr Bestes auf dem Rasen, während 1 Milliarde sitzen und Bewertungen abgeben.

Die Lösung: der Leib Christi. Paulus sprach von einem „lebendigen Tempel“, in dem „jeder sein Werk tut“. Und das Werk ist mehr als die geistliche Gabe des Parkplatzeinweisens. Klar, auch praktische Dinge wollen erledigt sein. Nur: dabei sollte die Gemeinde eine Verkörperung von Liebe sein. Die Geistesgaben von allen sollten zum Zuge kommen. Und alle sollten mit Glauben und Sehnsucht dienen. Nicht nur die 3-4 Leute auf der Bühne. Missional bedeutet, als Leib Gottes zu agieren und alle zum Mitspielen zu bewegen.

4. AKT – GOTT IST HIER

Das Problem: der Turm in Babel. In 1.Mose 11 ist das Volk vereint, spricht eine Sprache und hat einen großen Plan. Klingt wie das Erfolgsrezept von jeder Mega-Church. Vision, Einheit, Knete. Auch heute sind Gruppen unterwegs, die ihresgleichen sammeln wollen. Ob von der Soziologie (gleiches Alter, gleiche soziale Schicht) oder von der Theologie (reformiert oder ökologisch oder oder oder).

Der Ursprung: Hybels, Wimber, Warren, Keller. Diese 4 Männer haben wirklich Großes geleistet und ich habe viel von ihnen gelernt. Sie haben Geschichte geschrieben und viel angestoßen, und das ist über alle Kritik erhaben. In meiner Recherche für mein Buch „Start - von der Vision zur Wirklichkeit“ ist mir aufgefallen, dass alle vier mit der gleichen Frage gestartet sind:

> Bill Hybels – »Wie können wir einen Gottesdienst feiern mit Menschen, die Gott nicht kennen?«
>
> John Wimber – »Würde ich in diese Kirche gehen, wenn ich nicht angestellt wäre?«
>
> Rick Warren – »Welche Art von Gottesdienst wäre das beste Zeugnis für die Ungläubigen?«
>
> Tim Keller – »Zu was für einer Kirche würde ein New Yorker gehen?«

Das sind clevere Fragen. Und die haben's durchgezogen. Von außen her gedacht, und die Kirche entsprechend gestaltet. Alles gut. Viele Menschen sind zum Glauben gekommen (#halleluja, und das ist nicht sarkastisch gemeint.). Nur führt diese Art von Attraktivitäts-Gemeinde zu einigen Problemen. „Das Kirchentum meiner Sorte ist das wahre Christentum.“ – diesen Satz habe ich so oft gehört. Entweder direkt, viel öfter noch zwischen den Zeilen. Eine Sprache, eine Vision, ein Plan. Jeder baut seinen Turm in den Himmel. Klubmaierei. Ein großes Zeichen unsrer Zeit.

Und noch krasser ist der Shift von attraktional zu extraktional: Menschen werden aus ihrem Umfeld abgezogen, zu innerlichen Höhepunkten getrieben in der Hoffnung, dass sie nächste Woche ihre Kollegen mitbringen. Möglichst viele Menschen in einer Halle ist nicht das Ziel des Glaubens. Eine Verkörperung von Gottes Liebe an allen Ecken und Enden dieser Welt ist das Ziel. Nicht nur das Sammeln zum Zuhören, sondern das Senden und Tun ist der Beweis von Glaubensbewegungen. Wenn Glaube in dunklen Hallen durchgeführt wird (die auch noch überall auf der Welt gleich aussehen), wenn Christen aus ihrem Umfeld abgezogen und in der Gemeinde busy gehalten werden, dann ist das zu kurz gesprungen. 95% der westlichen Welt suchen keinen Event, sondern brauchen Beispiele, wie Gottes Liebe in ihrer Stadt aussieht – in ihrer Nachbarschaft, in ihrem Leben, für normale Menschen.

Die Lösung: Now-and-not-yet. Die Reich-Gottes-Denke fehlt. Das angebrochene Königreich Gottes – das auch mehr ist als Kirche (#commongood). Er wirkt in aller Welt. Er wirkt in allen Klubs. Er wirkt in allen Gassen. Das war die Botschaft von Jesus: „das Reich Gottes ist hier". Das muss wieder in den Fokus und das Kopfkino der Gemeinden. Das zu durchdenken und im Umfeld zu leben wird eine Welle der Veränderung bringen (#erstchristen, #china, #worktogether).

5. AKT – ERNEUERUNG DER WELT

Das Problem: Wolkenkuckucksheim. Die Kirche predigt den Leuten das Evangelium und sagt, dass sie in den Himmel kommen. Tickets ins Jenseits werden nach einem kurzen Gebet gefeiert, und das Ziel im Leben ist es, anderen ähnliches Glück zu vermitteln. Diese Fluchtreflexe sind eine Fehlentwicklung im Glauben. Wenn die Welt eh über die Klippe geht, was soll man da noch groß reparieren?

Der Ursprung: Martin. Wieder sehr clevere Fragen mit ein paar Nebenwirkungen. Luther ist ein nationaler Held, und das zu Recht. Seine Antworten waren wegweisend und haben den Blick auf einen gnädigen Gott neu eröffnet. Und doch können seine Erkenntnisse in den falschen Hals rutschen. Zu Luthers Zeit lag die Frage in der Luft: „Wie kann ein sündiger Mensch vor einem heiligen Gott bestehen?“ Im Kontext von Ablassbriefen und dominanten Schuldgefühlen brachte Luther einen Durchbruch. Die Nebenwirkungen? Öfter mal rutschte die Frage in die Richtung: Wie komme ich den Himmel; oder: Wie schaffen wir es raus aus dieser verflixten Welt in eine bessere? Eine latente Weltflucht hat sich dadurch im Christentum eingeschlichen. Das führte zu einer Denkmischung, die lieber aus der Welt entrückt werden will als den Himmel auf die Erde zu bringen. Das ist ein Problem!

Die Lösung: Mehr Himmel auf Erden und Welterneuerung. Wir wollen die umgekehrte Richtung: Statt Weltflucht wollen wir dazu beitragen, dass mehr Himmel auf die Erde kommt – genauso, wie Jesus es uns im Vaterunser zu beten gelehrt hat (Matth.6,10). Wenn Gott Schöpfer der Welt ist (#1) und wir erlöst sind, um als seine Verwalter in dieser Schöpfung zu leben (#2), dann sind Jenseitstendenzen die falsche Richtung. Paulus schreibt in Römer 8, dass diese Welt einmal von der „Knechtschaft der Vergänglichkeit“ befreit werden wird, die wir Menschen auf sie gebracht haben. Und in der Zwischenzeit sind erlöste Menschen die Vorboten dieser Erlösung (Röm 8, 18-23: „... *Denn wir wissen, dass die ganze Schöpfung bis zu diesem Augenblick mit uns seufzt und wartet...* “.). Diese Welt ist immer noch Gottes Welt, und das Evangelium dreht sich sowohl um die persönliche Sünde-Befreiungs-Thematik, wie auch um die Wiederherstellung des Ursprungsplans: dass Menschen Gottes weise Verwalter sind. Herrlichkeit – das ist kein gleißendes Licht – sondern Gottes weise Handschrift, die durch uns in die Welt kommt (Ps 8). Wir sind erwählt, um einen Zweck zu erfüllen: gute Werke zum Wohle der Welt zu vollbringen.

FAZIT

Das sind die 5 Elemente in Missional. Da sind große theologische Ideen drin. Wenn diese Ideen so etwas wie Weichen sind, dann können sie uns den Weg in die Zukunft leiten. Wer denkt, alles ist schon in Butter, braucht nicht weiter zu denken. Ich habe eine andere Meinung. Wir müssen zurück zu Jesus. Wir können zurück zu seinen Wegen. Und ich glaube, wir können das in unserer Generation schaffen. „Es gibt nichts Praktischeres als eine gute Theorie," sagte einst Kurt Lewin. Unser Tun wird sich ändern, wenn wir Dinge im Zusammenhang verstehen. Die Welt wartet drauf. Das Evangelium ist das Beste, was es gibt. Fangen wir an, es zu erfassen! Fangen wir an, es zu leben!

Marlin Watling, Heidelberg

TAG 23

E = Erklären: die Fragen der Leute herausfinden und gute Fragen stellen lernen

Angedacht

Lass uns noch ein wenig bei der Frage nach der Relevanz verweilen: In verschiedenen Zeiten der Geschichte standen unterschiedliche Fragen im Vordergrund. Zur Zeit Jesu war das: Wann kommt endlich das Reich Gottes und wie wird es kommen.[16] Zur Zeit Martin Luthers war es die Frage nach einem gnädigen Gott.

In unserer postmodernen Zeit gibt es neben den schon genannten Fragen noch viele weitere, die die Menschen bewegen, an die man anknüpfen kann. Da ist z.B. die Sinnfrage und die Suche nach Selbstverwirklichung, die viele Menschen beschäftigt. Außerdem merke ich, dass sich viele Leute Gedanken über die Zukunft machen und sich fragen, wie diese Welt ein besserer, friedvollerer Ort werden könnte. Daneben stoße ich auch nach wie vor immer wieder auf

---

16 Siehe z.B. Markus 13,3–4; Lukas 17,20–21; Lukas 19,11ff.; Apostelgeschichte 1,6ff.

die Frage, wie ein liebender Gott so viel Leid in der Welt zulassen kann – wenn es ihn denn wirklich gibt. Diese Fragen können alle als Ausgangspunkt für gute Gespräche dienen, in die man biblische Wahrheiten einfließen lassen kann.

Was z.B. die Selbstverwirklichung angeht, hat Gott als unser Schöpfer all das Potenzial in uns hineingelegt und möchte, dass es zum Einsatz kommt. Natürlich unterscheidet sich der Weg dorthin von anderen Sichtweisen, z.B. der säkularen Psychologie. Dennoch kann man an diese grundlegende Sehnsucht hervorragend anknüpfen. Ähnlich verhält es sich mit den Fragen, was die Zukunft bringt und wie diese Welt zu einem besseren Ort werden kann. Die neue Welt Gottes ist schon in Jesus angebrochen und da, wo sich Menschen seiner Herrschaft unterstellen, beginnt Neues. Auch auf die Frage, wie ein liebender Gott so viel Leid auf der Welt zulassen kann, lässt sich von der Bibel her einiges sagen – z.B., dass die Welt, so wie wir sie vorfinden, mit all dem Leid und Schmerz nicht mehr dem entspricht, wie Gott es sich ursprünglich gedacht hat, sondern durch die Abkehr des Menschen von Gott zu einer „zerbrochenen Welt" geworden ist.[17]

Allerdings ist es wichtig nicht mit Plattitüden zu kommen, sondern gut durchdachte, biblische Antworten zu geben. Mindestens genauso wichtig ist es, mit den betreffenden Menschen im Gespräch zu bleiben und mit ihnen eine gemeinsame Wegstrecke zurückzulegen!

Für all diejenigen, die keine „übergreifende Geschichte" mehr sehen, sich aber nach einer solchen sehnen, gibt

---

17 So spricht Philipp Yancey in Anlehnung an Römer 8,18-22 (bes. V.22) in seinen hervorragenden Buch „Where Is God When It Hurts?" von dem „stöhnenden Planet" (groaning planet) auf dem wir leben. S. 61ff.

es gute Nachrichten: Die Bibel beinhaltet eine übergreifende Geschichte, die Sinn macht, gut nachvollziehbar ist und ganz existenzielle Fragen beantwortet (siehe Tag 25).

Manche haben ganz persönliche, praktische Fragen, z.B. wie eine zerbrochene Beziehung wiederhergestellt werden kann oder wie sie ihre Kinder besser erziehen können. Wenn man hier gut durchdachte, biblische Perspektiven oder auch christlich orientierte, praktische Lebenshilfen in das Gespräch einbringen kann, kann es den anderen zum Nachdenken über die Relevanz des christlichen Glaubens anregen.

Besonders hilfreich ist die eigene persönliche, existenzielle Erfahrung: Wenn man selber durch solche Fragen oder Krisen gegangen ist und Gott darin erlebt hat, ist es besonders glaubwürdig. Der postmoderne Mensch sucht nach „erfahrbaren Antworten".

Ich möchte auch noch einmal daran erinnern, dass jeder Mensch einzigartig ist und einzigartige Fragen hat. Unterschiedliche Menschen haben unterschiedliche Fragen – auch je nach der Lebensphase, in der sie sich gerade befinden. Darum ist es so wichtig, herauszufinden, welche Fragen dein Gegenüber gerade beschäftigen! Häufig ist es auch so, dass Leute in einer Lebenskrise offener sind. Die bisherigen Antworten tragen möglicherweise in der Krise nicht mehr. So sucht man nach neuen Antworten, die einen besser stützen. Darum ist es so wichtig, nahe an Menschen dran zu sein. Nur dann wird man herausfinden, ob sich jemand in einer Krise befindet.

Ein guter Weg ist, selber Fragen zu stellen, die den anderen zum Nachdenken anregen. Es ist interessant, dass Jesus genau das häufig gemacht hat. Er hat seinen Zuhörern und Gegnern oft Fragen gestellt. Manchmal waren es Fragen, die seine Zuhörer herausforderten, Stellung zu beziehen (siehe z. B. Matthäus 11,7–10 und 21,24–25), manchmal wollte er einfach Menschen zum Nachdenken anregen (siehe z.B. Matthäus 22,15–22).

Die Gleichnisse Jesu hatten einen ähnlichen Effekt. Einerseits waren die Gleichnisse verständlich, weil sie sich auf den Lebensalltag der Menschen damals bezogen (säen, pflanzen, bauen, Familienleben etc.) – andererseits haben die Gleichnisse auch etwas verhüllt bzw. verborgen. So regten sie zum Nachdenken an und lösten eine geistliche Suche aus.

Nachgedacht

- Was sind deiner Meinung nach Fragen und Themen, die den postmodernen Menschen bewegen?

Umgesetzt

- Was sind die Fragen der Menschen, mit denen du gerade im Gespräch bist?

TAG 24

E = Erklären: Jesus kommunizieren

Angedacht

Zum „Erklären" gehört alles dazu, was wir über Jesus kommunizieren können. Je natürlicher und unverkrampfter das geschieht, desto besser! Dabei ist wichtig, dass rüberkommt, dass Jesus mit unserem ganz praktischen, alltäglichen Leben etwas zu tun hat. Das sollte möglichst „down to earth" rüberkommen – je weniger abgehoben, desto besser. Der Grundgedanke beim missionalen Ansatz ist, dass Menschen in unserer Umgebung durch unseren Lebensstil aufmerksam werden und sie dann beginnen, uns Fragen zu stellen oder wir auf Grund unseres Lebensstils offene Türen haben, etwas von Jesus mitzuteilen. Paulus schreibt in Kol. 4,5-6:

> *„Verhaltet euch weise und besonnen denen gegenüber, die keine Christen sind. Macht das Beste aus der Zeit, die euch geschenkt ist! Redet mit jedem Menschen freundlich; alles, was ihr sagt, soll gut und hilfreich sein. Bemüht euch darum, für jeden die richtigen Worte zu finden."* (Hfa)

Das ist eine hervorragende Anweisung! Wir sollen das Beste aus der Zeit machen, die uns mit den jeweiligen Menschen geschenkt ist, die Jesus noch nicht kennen. Und wir sollen uns bemühen, für jeden die richtigen Worte zu finden, d.h. individuell zugeschnitten auf unser Gegenüber. So versuche ich immer, die Dinge von Jesus zu kommunizieren, von denen ich denke, dass sie für den anderen jetzt hilfreich sein könnten. Luther übersetzt diese Bibelstelle so, dass wir die Zeit auskaufen und unsere Rede *„mit Salz gewürzt“* sein soll. So ist es mir auch ein Anliegen, wenn möglich ein wenig „Salz“ in das Gespräch zu bringen. Dabei habe ich viel von Jesus gelernt. Wie schon am vorigen Tag aufgezeigt, hat Jesus seinem Gegenüber oft eine Frage gestellt oder in Gleichnissen geredet, um den anderen zum Nachdenken anzuregen. Nicht selten hat Jesus auch kurze, einprägsame Sätze ausgesprochen, die manchmal richtig provozierend waren. Ein Beispiel: Jesus hat auf die Frage, ob man Steuern zahlen soll, geantwortet: *„Gebt dem Kaiser, was des Kaisers ist, und Gott, was Gottes ist!“* (Matth.22,21) Das war sowohl einprägsam als auch provozierend! Provozieren kommt von dem lateinischen Wort „provocare“ was wörtlich „hervorrufen“ bedeutet. Jesus wollte eine Reaktion, eine Antwort, eine Stellungnahme hervorrufen bzw. herausfordern. So ist es gar nicht schlecht, wenn man ab und zu mal einen provozierenden Satz in das Gespräch einfließen lässt, der den anderen herausfordert nachzudenken und eine Antwort zu geben. So habe ich z.B. schon des öfteren den Satz einfließen lassen: „Bevor ich Christ geworden bin, habe ich…“. Das regt den anderen zum Nachdenken an, was überhaupt ein Christ ist und konfrontiert ihn auch mit der Tatsache, dass sich durch Christwerden etwas ändern kann. Nicht selten hat dieser Satz dem Gespräch eine neue Richtung gegeben.

Beim „Erklären" halte ich es für wichtig, immer wieder Jesus selbst, seine Person, sein Wirken, seine Worte und seinen Anspruch etc. in den Fokus zu bringen. Eigentlich sind die Evangelien ein hervorragendes Beispiel dafür, was es bedeutet, Jesus zu kommunizieren. Sie erzählen viel von dem, was Jesus getan hat und was er gelehrt hat - und schildern es so, dass Gott durch Jesus gewirkt hat, ja, dass Gott selbst sich durch Jesus geoffenbart hat. Um es mal ganz vereinfacht zu sagen: Jesus hat Gott gebracht! Oder um es mit den Worten von Jesus selbst zu sagen: *„Wer mich sieht, sieht den Vater."* (Joh. 14,9) Von daher versuche ich gerne, das Gespräch darauf zu lenken, wie die Menschen Gott bzw. die „höhere Macht", an die die meisten Westeuropäer gemäß verschiedener Meinungsumfragen ja immer noch glauben, sehen. In Jesus zeigt uns Gott, wer er ist und wie er ist!

Bei dem Wort von Jesus, dem Kaiser zu geben, was dem Kaiser gehört und Gott, was Gott gehört, ist auch auffallend, wie schnell und direkt Jesus eine Brücke zwischen einem profanen Thema und Gott schlägt.[18] Diese Brücke ungezwungen und ungekünstelt zu finden ist nicht immer einfach – aber es ist eine Kunst, die man lernen kann. Gott hat alles geschaffen und hat eine Sicht zu den verschiedenen Dingen des Lebens! Manchmal ist es auch eine neue Perspektive, die man dem anderen vielleicht eröffnen kann. Ein Beispiel: Du unterhältst dich mit deiner Nachbarin

---

18 Wir finden das bei Jesus immer wieder, dass er die Brücke von alltäglichen Themen zu Gott baut. Ein gutes Beispiel dafür ist auch die Geschichte von der Begegnung Jesu mit der Frau am Brunnen, wo Jesus die Verbindung von dem Wasser, über das sie sich unterhalten, zu dem „lebendigen Wasser" sehr direkt und unmittelbar herstellt. (Siehe Tag 37).

über Kindererziehung und stellst heraus, wie wichtig das Fundament der bedingungslosen Liebe und Annahme ist und darauf aufbauend natürlich auch Unterweisung und Regeln. Anschließend lässt du eine Bemerkung fallen wie: „So geht auch Gott mit uns um!" Dann kannst du davon ausgehen, dass du den anderen zum Nachdenken „provoziert" hast. Solche und ähnliche Dinge lasse ich immer mal wieder gerne in Gespräche einfließen. Natürlich kann das kurz zu einer Spannung in der Beziehung führen, da das für den anderen wahrscheinlich ein völlig neuer Gedanke ist, der überraschend kommt – aber das ist nicht negativ, wenn man zu seinem Gegenüber schon eine gute Beziehung gebaut hat und Vertrauen da ist.

Ich mache es oftmals auch so, dass ich mir Gespräche, die ich geführt habe, danach noch einmal durch den Kopf gehen lasse und mich frage, ob ich da noch einmal daran anknüpfen und es weiterführen könnte. Dann sage ich bei unserem nächsten Gespräch: „Ich habe noch einmal über unser Gespräch nachgedacht und....". Nicht selten führt das zu einem weiterführenden, vertiefenden Gespräch – und es zeigt dem anderen auch, dass ich ihn ernst nehme und mich damit auseinandersetze, was er gesagt hat.

Nachgedacht

- Wie geht es dir damit Jesus zu kommunizieren? Bei welcher Gelegenheit hast du die Brücke zwischen dem Thema und Jesus bzw. biblischen Wahrheiten schon einmal gefunden?

Umgesetzt:

- Gehe einmal in Gedanken die letzten Gespräche durch, die du mit Menschen geführt hast, die noch keine persönliche Beziehung zu Jesus haben. Kannst du an irgendein Gespräch anknüpfen?

TAG 25

E = Erklären: Jesus als Befreier und Retter

Angedacht

Wie schon angedeutet, sind die Evangelien im Neuen Testament ein hervorragendes Modell dafür, was es bedeutet zu „Erklären". Sie schildern das Wirken und die Taten Jesu unter verschiedenen Aspekten – aber stimmen darüber überein, dass er der Heiland und Retter der Welt ist. So steuern sie alle - nachdem sie über Jesu Worte und Taten aus verschiedenen Perspektiven berichtet haben - auf den Höhepunkt seines Wirkens zu: seinen Tod am Kreuz und seine Auferstehung. Die Bedeutsamkeit des Kreuzestodes Jesu kann man aber nur vor dem Hintergrund der gesamten biblischen Storyline verstehen. Darum ist es wichtig, dass unser Gegenüber diese Storyline in ihren Grundzügen versteht.

Hier also die biblische Storyline im Expressdurchgang: Gott hat die ganze Welt erschaffen. Leider ist dann alles sehr schnell auf eine schiefe Bahn geraten, da der Mensch, der eigentlich Gott vertreten sollte, sein wollte wie Gott und gegen ihn rebelliert hat. Er wollte lieber seinen eigenen Weg gehen und sein eigenes Reich bauen. Gott sollte nicht mehr sein Herr sein, sondern er wollte lieber sein eigener Herr sein - über sich selbst und über die ganze Welt. Das hat zu viel Leid und Zerbrochenheit und auch zu einer Trennung von Gott geführt - und die Welt ist nicht mehr so, wie Gott sie sich eigentlich gedacht hat. So hat Gott eine große Rettungs- bzw. Wiederherstellungsaktion gestartet. Diese Rettungsaktion läuft über die Erwählung des Volkes Israel (siehe Tag 3 und 4) auf Jesus Christus zu und findet in seinem Leiden, Sterben und seiner Auferstehen ihren Höhepunkt. Auf der persönlichen Ebene hat die Rebellion des ersten Menschen, Adam[19], und mit ihm in der Folge die Auflehnung aller Menschen zu einer Trennung von Gott geführt und dazu, dass der Mensch unter die Herrschaft der Sünde[20] geraten ist und erlösungsbedürftig geworden ist. Er muss von seinem Egoismus befreit werden. Genau das bietet Gott uns in Jesus Christus an. Darum ist es eine „rettende Botschaft". Wenn wir Jesus als unseren „Retter" annehmen, befreit er uns von der Versklavung an die Sünde und durch seinen stellvertretenden Tod am Kreuz kann die Trennung zu Gott überwunden werden. Paulus entfaltet diese „rettende Botschaft" unter anderem im Römerbrief, wenn er schreibt:

> *„Sie* (die Menschen) *sind allesamt Sünder und ermangeln des Ruhmes, den sie vor Gott haben sollen, und werden ohne Verdienst gerecht aus seiner Gnade durch die Erlösung, die durch Christus Jesus geschehen ist."* (Römer 3,23-24)

---

19 Adam ist das hebräische Wort für Mensch. Siehe Gesenius Wilhelm: Hebräisches und aramäisches Handwörterbuch zum Alten Testament, S. 10.

20 Wenn ich das Wort „Sünde" benütze, versuche ich deutlich zu machen, dass damit die „Urverfehlung" gemeint ist, dass der Mensch seinen eigenen von Gott unabhängigen Weg gehen möchte. Die moralischen Sünden, an die die meisten Leute bei diesem Wort denken, erwachsen aus dieser Unabhängigkeit von Gott.

Die NLT übersetzt: *„all fall short of God's glorious standard."*: Wir können den Standard Gottes nicht erfüllen. Wir brauchen jemanden, der diesen Standard erfüllt und der stellvertretend als Mensch ohne Sünde die Schuld und die Strafe für die Schuld auf sich nimmt. Genau das hat Gott selbst in Jesus Christus getan, wie Paulus in 2. Kor. 5,19-20 schreibt:

> *„Denn Gott war in Christus und versöhnte die Welt mit ihm selber und rechnete ihnen ihre Sünden nicht zu und hat unter uns aufgerichtet das Wort von der Versöhnung. So sind wir nun Botschafter an Christi statt, denn Gott ermahnt durch uns; so bitten wir nun an Christi statt: Lasst euch versöhnen mit Gott!"*

Mit anderen Worten: Der Weg zu Gott ist nicht ein Weg von unten nach oben, auf dem der Mensch sich bemüht, Gott durch seine Anstrengungen oder gute Werke zu erreichen. Es ist ein Weg von oben nach unten: Gott ist in Jesus auf unsere Welt gekommen und hat stellvertretend die Konsequenzen für unsere Auflehnung am Kreuz auf sich genommen – so wie es Jesaja im Kapitel 53 schon mehrere Jahrhunderte vor Christus in einer prophetischen Vision beschreibt: *„Die Strafe liegt auf ihm, auf dass wir Frieden hätten und durch seine Wunden sind wir geheilt." (V. 5)* Genau das gilt es im Glauben zu ergreifen. Durch den Glauben wird uns das zugeeignet, wie Paulus in seinen Briefen beständig betont. Durch den Glauben können wir dieses Geschenk ganz persönlich empfangen und dadurch wird uns diese „Rettung" zuteil. Erst wenn man ein Geschenk annimmt, gehört es einem. Darum ist Glaube so wichtig!

Hier kannst du auch wieder ein Bildchen aufmalen, wenn du magst - vielleicht etwa so:

Nicky Gumbel erzählt in seinem Buch „Fragen an das Leben“ eine schöne Geschichte, um den Gedanken der Stellvertretung deutlich zu machen:[21] Zwei Freunde, die in ihrer Jugendzeit viel miteinander gemacht haben, entwickeln sich völlig unterschiedlich. Der eine wird Richter – der andere gerät auf die schiefe Bahn. Eines Tages begegnen sie sich bei einer Gerichtsverhandlung wieder, da Letzterer sich etwas hat zuschulden kommen lassen. Der Richter steht vor einem Dilemma: Er mag seinen Freund nach wie vor und würde ihm die Strafe am liebsten erlassen – andererseits muss er gerecht sein und kann nicht einfach fünfe gerade sein lassen. So verhängt er ihm eine angemessene Geldstrafe. Anschließend verlässt er seinen Platz, geht auf seinen Freund zu und stellt ihm einen Scheck in der Höhe des Betrages aus – und bezahlt damit die Strafe für ihn. Genau das hat Gott in Jesus Christus getan.

Natürlich hat Gott die Bezahlung der Strafe wesentlich mehr gekostet. Unsere Lage ist auch misslicher als die des Jugendfreundes und die Beziehung zwischen Gott und uns ist inniger als die zwischen dem Richter und seinem Ju-

21 Nicky Gumbel: Fragen an das Leben. Eine praktische Einführung in den christlichen Glauben, S. 65ff.

gendfreund. Dennoch illustriert diese Geschichte sehr schön den Grundgedanken der Stellvertretung und die Spannung von Liebe und Gerechtigkeit, in der Gott sich befindet.

Nachgedacht:

- Lass dir die grundlegende biblische Storyline noch einmal durch den Kopf gehen und schreibe sie stichpunktartig auf.

Umgesetzt:

- Schreibe nun die biblische Storyline mit Worten auf, die dein Nachbar oder Freund verstehen kann, der noch keine persönliche Beziehung zu Jesus hat.

TAG 26

E = Erklären: Jesus als Herr und König

Angedacht

Wenn wir Jesus kommunizieren wollen, gibt es sehr viele Aspekte von Jesus, über die man reden kann: seine brillante Lehre, sein einzigartiger, selbstloser Charakter, seine Werke und Taten etc. Jesus ist so großartig und einzigartig, dass es vier Evangelien gebraucht hat, um ihn zu beschreiben!

Ein weiterer ganz zentraler Aspekt ist das HERR- bzw. König-Sein Jesu. In Markus 1,14-15 heißt es:

„…kam Jesus nach Galiläa und predigte das Evangelium Gottes und sprach: Die Zeit ist erfüllt, und das Reich Gottes ist nahe herbeigekommen. Tut Buße und glaubt an das Evangelium!“

Das ist eine grundlegende Zusammenfassung der Verkündigung Jesu.[22] In der Person Jesu, in seinem Leben, Wirken,

---

22 So schreibt der bekannte Neutestamentler Peter Stuhlmacher in "Biblische Theologie des Neuen Testaments. Band 1: Von Jesus zu Paulus" auf S.66: „Will man das Zentrum der Verkündigung Jesu mit einem einzigen Wort beschreiben, muss man von Gottes Herrschaft (basileia tou theou) reden.“

Sterben und Auferstehen ist das Reich Gottes nahe herbeigekommen bzw. angebrochen. Dieses angebrochene Reich Gottes hat Jesus durch Heilungen, Dämonenaustreibungen und Wundertaten etc. demonstriert.[23] Die angemessene Reaktion unsererseits darauf ist Buße, was eigentlich Umkehr bedeutet. Das hebräische Wort (schub), meint genau diese „Umkehr und Rückkehr zu Gott"[24]. So gibt die „Hoffnung für alle" den Sinn genau richtig wieder, wenn sie die Verkündigung Jesu in Markus 1,15 in folgende Worte fasst: *„Jetzt ist die Zeit gekommen, Gottes Reich ist nahe. Kehrt um zu Gott und glaubt an die rettende Botschaft!"* (Hfa) Durch Umkehr kommen wir in das Reich Gottes. Wer im Reich Gottes leben will, muss Jesus als König anerkennen, denn sein Reich ist da, wo er der HERR sein darf. Genau das meint das hebräische Wort für Königreich: „malkut". Malkut „ist ein nomen actionis und meint – wie das griechische Wort basileia auch – die Herrschaftsfunktion, das Herrsein (des Königs)"[25]. Das Reich Gottes ist also da, wo Jesus das Sagen hat!

Jesus möchte auch der HERR in unserem Leben sein. Jesus ruft Menschen in seine Nachfolge und die Evangelien und die Briefe beschreiben, wie ein Leben in der Nachfolge Jesu aussieht. Jesus nachzufolgen bedeutet, ihn als Herrn in unserem Leben anzuerkennen. Dabei ist es mir wichtig, deutlich zu machen, dass sich das Herrsein Jesu auf alle Lebensbereiche bezieht und nicht nur auf irgendeinen „religiösen Bereich". Jesus möchte uns in allen Bereichen unseres

---

23 Siehe z.B. Lukas Matth. 12:28; Lukas 11:20.

24 Ernst Jenni, Claus Westermann: Theologisches Handwörterbuch zum Alten Testament, Band II, Spalte 888.

25 Peter Stuhlmacher: a.a.O.

Lebens zeigen, wo es lang geht und wie ein sinnvolles Leben aussieht – sei es in Beziehungen, im Umgang mit Geld, unserer Sexualität oder auch mit unseren Kindern, oder mit unserer Freizeit etc. Christsein ist keine „Religion", in der man versucht den religiösen Sektor seines Lebens zu vergrößern, sondern ein Lebensstil – ein täglicher Lebensstil unter der Herrschaft Jesu, der alle Lebensbereiche einschließt. Auch die fromme Version, bei der Jesus zwar einen Platz in unserem Leben hat, aber nur am Rand – sozusagen als religiöse Verzierung oder als Schutzpatron – reicht nicht. Wir müssen ihm wirklich erlauben, das Sagen zu haben.

Auch hier kann man wieder ein paar Bildchen auf eine Serviette malen wenn man will - etwa im folgenden Stil:

Bei alledem ist es wichtig, dass unser Gegenüber versteht, dass es um eine grundsätzliche Entscheidung geht. Letztlich gibt es hier keinen Mittelweg. Entweder wir erlauben Jesus auf dem Thron unseres Lebens zu sitzen (Bild 3) oder wir sitzen selbst auf dem Thron (Bild 1). Auch bei der frommen bzw. religiösen Version bleiben wir leider selber auf dem Thron sitzen. (Bild 2) (Das ist der Zustand, in dem wir uns von Geburt an befinden und der häufig als „Erbsünde" bezeichnet wird.) Natürlich kann und wird es so sein, dass wir uns nach dieser Grundentscheidung auch immer mal wieder auf den Thron setzen, aber wir werden es viel schneller merken, weil der Heilige Geist uns daran erinnern wird – und wir werden zu der getroffenen Grundentscheidung zurückkehren wollen.

In gewisser Weise ist es wie bei der Ehe: Ich treffe eine Entscheidung für meinen Ehepartner. Mit ihm möchte ich mein ganzes Leben ein Leben lang teilen. Bin ich deswegen gleich ein perfekter Ehemann oder Ehefrau? Nein! Lebe ich täglich meine Ehe? Ja! Und ich versuche auch, ein immer besserer Ehepartner zu werden! Ich versuche, das zu leben bzw. zu werden, was ich schon bin. Ganz ähnlich ist es mit dem Christsein. Es ist eine Grundentscheidung, Jesus nachzufolgen und es ist ein lebenslanger Prozess das auszuleben.

An dieser Stelle noch ein Wort zum „Erklären“: Es ist wichtig, dass wir nicht unter Druck sind, alles auf einmal vermitteln zu müssen. Ich empfinde es so, dass die Beziehung zu der betreffenden Person die Brücke ist, über die wir Inhalte vermitteln können. Wenn wir versuchen, zu viele Inhalte auf einmal „rüberzuschieben“, kann die Brücke zusammenbrechen.[26] Man muss ein Gespür dafür entwickeln, wieviel man wann und wo vermitteln kann. Und natürlich ist Kommunikation auch nie nur eine „Einbahnstraße“. Wir können häufig auch viel von unserem Gegenüber lernen. Und es geht auch nicht darum, eine Diskussion zu gewinnen, sondern darum, den anderen in eine persönliche, lebensverändernde Beziehung zu Jesus zu führen.

Genau das liebe ich an dem missionalen Ansatz: Man ist mit den betreffenden Leuten über einen längeren Zeitraum

---

26 Laurence Singlehurst hat in seinem lesenswerten Buch „Sowing, Reaping, Keeping. People-Sensitive Evangelism“ einiges dazu geschrieben. Siehe bes. S. 28ff.

unterwegs und kann immer mal wieder etwas erklären. Und was ich noch bei diesem Ansatz, der sich an Lukas 10, 5-7 orientiert, liebe: Wenn die Person schon etwas mit Gott erlebt hat, weil wir Gott „eingeladen“ haben oder einfach, weil sie Gottes Liebe durch uns erlebt hat, ist sie viel offener für das, was wir zu „erklären“ bzw. mitzuteilen haben!

Nachgedacht

- Hast du Menschen in deinem Beziehungskreis, bei denen du das Empfinden hast, dass es jetzt ein guter Zeitpunkt ist, ihnen zu erklären, dass Jesus der HERR in ihrem Leben sein möchte und was das bedeutet.

Umgesetzt:

- Wann willst du es ihnen erklären?

TAG 27

E = Erklären: Die „Botschaft" unseres Lebensstils

Ich glaube, dass heute viele Menschen erst einmal das Leben von Christen mitbekommen müssen, um sich für den christlichen Glauben zu interessieren. Für viele Menschen ist die Bibel zu weit weg. Es heißt, dass ein Mensch im Durchschnitt sieben positive Erfahrungen mit Christen braucht, um sich für den christlichen Glauben zu interessieren.

Paulus gebraucht ein einprägsames Bild, um auf die Wichtigkeit der „Botschaft" unseres Lebensstils aufmerksam zu machen. Er spricht in 2. Korinther 3,3 davon, dass wir ein „Brief Christi" sind. Das stellt natürlich eine Herausforderung dar, aber an Herausforderungen wachsen wir! Ich glaube nicht, dass es bedeutet, wir müssten perfekt sein – aber dennoch sollte etwas von Jesus in unserem Leben sichtbar sein.

Bei meinem Bemühen, Jesus ähnlicher zu werden, hat mir diese einfache Frage sehr geholfen: „Was würde Jesus tun?" (WWJT?) Unser Leben spricht immer lauter als unsere Worte. Darum ist das Attraktivste, was wir bringen können, unsere Christusähnlichkeit bzw. Jesusmäßigkeit. Wenn wir uns in konkreten Situationen die Frage stellen: „Was würde Jesus tun?", kann das radikale Folgen haben.

Bei mir hat es z.B. dazu geführt, dass ich für eine alleinerziehende Mutter in dem Indianerreservat Holz gehackt habe, damit sie mit ihren kleinen Kindern eine warme Wohnung hatte. Ich bin mehrere Male zu ihr gegangen, um im Keller Holz zu hacken. Ich erinnere mich noch, wie ich wieder einmal schwitzend arbeitete und mich nach frischer Luft sehnte. Nach einiger Zeit setzte sich die Indianerin auf die Kellertreppe und fing ein Gespräch an. Unter anderem wollte sie wissen, warum ich das machte. Ich sagte ihr: „Weil Jesus dich liebt und wir dich auch lieb haben." Dieses Ereignis hat eine Suche nach Jesus in ihr ausgelöst, die dazu führte, dass sie nach einer längeren geistlichen Reise ihr Leben Jesus gab. Natürlich waren da noch viele Stationen dazwischen – aber wäre ich nicht diesem Impuls gefolgt, wäre vieles im Leben dieser Frau nicht passiert.

Zu dem Thema WWJT gibt es ein lesenswertes Buch von Charles Sheldon: „In seinen Fußstapfen".[27] In Form einer fiktiven Geschichte setzt sich Charles Sheldon mit der Frage auseinander, was passieren könnte, wenn sich Menschen aus verschiedenen Berufsgruppen ernsthaft die Frage stellen würden: „Was würde Jesus tun?" und konsequent dementsprechend handelten. Das löst in der Erzählung einiges aus – an Unruhe und an Segen! Der grundlegende Bibelvers, an dem sich dieses Buch orientiert, findet sich in 1. Petrus 2,21: *„Denn dazu seid ihr berufen, da auch Christus ge-*

27 Charles Sheldon: In seinen Fußstapfen.

litten hat für euch und euch ein Vorbild hinterlassen, dass ihr sollt nachfolgen seinen Fußstapfen.“

Es gibt ein bedenkenswertes Wort, das lautet: „Rede nicht über deinen Glauben, bis du gefragt wirst – aber lebe so, dass du gefragt wirst!“ Das Wort enthält viel Weisheit und ich versuche, vor allem den zweiten Teil von ganzem Herzen zu leben!

Was den ersten Teil anbetrifft, habe ich die Erfahrung gemacht, dass es gut ist, es auch ruhig zu wagen, ein Gespräch über Glaubensfragen zu initiieren. Das hat mehrere Gründe:

Wenn Menschen unser Leben sehen und erkennen, dass wir positiv „anders“ sind, ziehen sie häufig falsche Schlussfolgerungen, z.B.: „Der so und so ist aber ein toller Kerl!“ Wenn wir dazu nichts sagen und das nicht korrigieren, versäumen wir einen wichtigen Anknüpfungspunkt!

Manche Menschen tun sich schwer, von sich aus über so persönliche Dinge wie den Glauben zu reden und Fragen darüber zu stellen – und sind froh, wenn jemand anders das Gespräch darauf bringt.

In Deutschland werden Glaubensfragen nach wie vor stark als Privatsache gesehen, über die man nicht spricht.

Wie sagte schon Franz von Assisi? „Predige das Evangelium allezeit – wenn nötig, verwende Worte!“

Nachgedacht

- Wann hast du dir das letzte Mal die Frage gestellt: Was würde Jesus tun? Was war die Folge?

Umgesetzt

- Was würde sich in deinem Leben (oder in einzelnen Lebensbereichen) konkret ändern, wenn du dir diese Frage stellst?

TAG 28

L = Lasten mittragen

Angedacht

Eine weitere missionale Praxis, die ich für sehr wichtig halte, ist das Mittragen von Lasten.

Paulus schreibt in Galater 6,2: *„Einer trage des andern Last, so werdet ihr das Gesetz Christi erfüllen.“*

Die Erfahrung zeigt, dass jeder Mensch irgendwelche Lasten mit sich herumträgt. In unserer westlichen Gesellschaft werden diese Lasten oft hinter einer mehr oder weniger heilen Fassade versteckt. (Vielleicht haben wir Angst abgelehnt zu werden, wenn die anderen herausfinden, wie es wirklich bei uns aussieht.)

Manche haben finanzielle Lasten, manche tragen emotionale Lasten durch seelische Verletzungen oder aufgrund von Beziehungsproblemen mit sich herum, andere haben die Last einer körperlichen Erkrankung zu tragen und wieder andere haben schwierige Aufgaben, die sie bewältigen müssen.

„Lasten tragen" war eine der Haupttüren, durch die wir in dem Indianerreservat an dem Leben von Menschen teilnehmen durften. Wenn jemand es dir erlaubt, eine Last, die ihn niederdrückt, mit ihm zu tragen, lässt er dich in sein Leben hinein – er öffnet dir sein Herz. Und das ermöglicht dir, Gutes und Bedeutungsvolles in sein Herz hineinzulegen! Im Kern geht es darum, dass wir Menschen nahe kommen – dass wir sozusagen in ihr Leben hineinkommen. Ein hervorragender Weg dahin ist das Mittragen ihrer Lasten.

Wir haben Indianern häufig mit ihren praktischen Lasten geholfen und manchmal auch mit ihren finanziellen Lasten. Einmal hatte eine Indianerin kein Geld mehr, um sich Gas für ihre Heizung für den Winter zu kaufen. Nachdem wir ihr damit geholfen hatten, stellte sich heraus, dass sie auch viele „praktische Lasten" hatte. So haben wir ihr auch in diesen Bereichen geholfen. Als sie krank war, kam Karin, meine Frau, in ihr Haus und kümmerte sich um ihre drei kleinen Kinder. Im Winter, als ihre Einfahrt zugeschneit war, half ich ihr zusammen mit einem Freund, ihre Einfahrt freizuschaufeln. Wenn es nötig war, haben verschiedene Leute aus unserer missionalen Gemeinschaft für sie Holz gehackt. Schlussendlich habe ich sie zur Gerichtsverhandlung begleitet und ein Plädoyer für sie gehalten mit dem Ziel, dass sie das Sorgerecht für ihre Kinder zurückbekommt. (Trotz meiner mangelnden juristischen Ausbildung war mein Plädoyer erfolgreich.) All das hat dazu geführt, dass sie ihr Herz immer weiter geöffnet hat. Mehr und mehr suchte sie unseren Rat in den Fragen, die sie tief drinnen beschäftigten: Umgang mit Männern und Beziehung zum anderen Geschlecht, Kindererziehung, Umgang mit tiefen emotionalen Verletzungen etc. Die Gespräche wurden tiefer und tiefer.

Nach ca. 1 ½ Jahren wollte sie dann ihr Leben Jesus anvertrauen. Das war ein enormer Weg für sie. Sie war zu Beginn ihres Weges feindselig gegenüber dem Christentum eingestellt gewesen, da im Namen des Christentums die Kultur der Indianer in Nordamerika zerstört worden ist und ihr Pflegevater (sie ist in einer Pflegefamilie aufgewachsen), der sich als Christ bezeichnete, sie sexuell missbraucht hat. Inzwischen ist sie glücklich mit einem anderen Christen verheiratet und führt mit ihren nun insgesamt sechs Kindern ein völlig neues Leben.

Beim „Lasten tragen" ist es allerdings wichtig, sich nicht mehr aufzulegen, als man wirklich tragen soll – besonders wenn man ein Mensch ist, der die Lasten anderer intuitiv spürt und sozusagen „automatisch" trägt. Wichtig ist, dass wir die Lasten, die wir tragen, immer mit Jesus teilen und ihn die Hauptlast tragen lassen!

Nachgedacht

- Kennst du die Lasten deiner engsten Nachbarn? Wie würdest du sie bezeichnen?

Umgesetzt

- Wie möchtest du ihnen dabei helfen, diese Lasten zu tragen?

TAG 29

L = Lasten mittragen: in das Leben von Menschen hineinkommen

Angedacht

Im Prinzip geht es beim „Lasten tragen" darum, in das Leben von Menschen hineinzukommen und ihnen nahezukommen. Wenn wir einen Unterschied im Leben von Menschen machen wollen, müssen wir ihnen nahekommen – wir müssen dem nahekommen, was sie tief drinnen beschäftigt und bewegt.

Es ist hilfreich, sich immer wieder zu vergegenwärtigen, dass es verschiedene Ebenen der Kommunikation gibt. Da gibt es den sogenannten „small talk": Da tauscht man sich über relativ belanglose Kleinigkeiten aus. Im Prinzip gibt man Informationen weiter, die mit einem selber nicht viel zu tun haben. Dann gibt es die Ebene des Meinungsaustausches. Da wird es schon etwas persönlicher. Man teilt mit, welche Meinung man zu verschiedenen Dingen hat oder wie man über bestimmte Dinge denkt. Viel von dem, was unser Gegenüber uns mitteilt, wird auf dieser Ebene stattfinden. Dann gibt es noch die Ebene des Mitteilens von sehr persönlichen Dingen: wie es einem wirklich geht, wie man ganz tief drinnen über bestimmte Dinge denkt, fühlt und empfindet. Auf dieser Ebene werden echte und tiefe Beziehungen gebaut.

Ich steige gern mit „small talk" ein, um eine Brücke zu bauen (so wie Jesus in Johannes 4 bei der Frau am Brunnen), versuche dann aber das Gespräch auf persönlichere Fragen zu lenken. Dabei bemühe ich mich, Anzeichen wahrzunehmen, ob der andere sich öffnen und über Persönliches reden möchte. Wenn dem so ist, frage ich nach und versuche, auf dieser persönlichen Ebene zu bleiben und diese zu vertiefen.

Drei Dinge scheinen mir der Schlüssel zu sein, dass Menschen sich öffnen: *Interesse*, *Verstehen* und *Vertrauen*. Der andere muss spüren, dass ich ein echtes *Interesse* an ihm habe, an seiner Person, an seiner Meinung, an seinem Empfinden, an seinem Wohlergehen etc. Das ist so wichtig, dass ich diesem Thema den ganzen nächsten Tag gewidmet habe, wo es um die missionale Praxis des Nachfragens geht.

Verständnis zu signalisieren ist ebenfalls sehr wichtig. Haben wir das nicht alle selber erlebt: Wir fangen an, uns in einem Gespräch zu öffnen – und wenn wir uns verstanden fühlen, öffnen wir uns weiter. Wenn wir uns nicht verstanden fühlen, ziehen wir uns zurück. Es ist wichtig, dieses Verständnis auch in Worte zu fassen, sodass es bei dem anderen auch tatsächlich ankommt. Worte wie „das kann ich verstehen" oder „das kann ich gut nachvollziehen" oder „so ähnlich ist es mir auch schon gegangen" bauen eine enorme Brücke und geben dem anderen die Möglichkeit, sich im Kommunikationsprozess weiter zu öffnen.

Und zu guter Letzt ist *Vertrauen* natürlich enorm wichtig, dass der andere sich wirklich öffnet. Vertrauen wird nicht von heute auf morgen erworben, sondern wächst Schritt für Schritt. Es wächst u.a. dann, wenn der andere spürt, das wir echt, authentisch und ehrlich sind und wenn der andere merkt, dass wir es gut mit ihm meinen und uns sein Wohlergehen am Herzen liegt. Dann wird er uns seine „Lasten" mitteilen und uns mittragen lassen.

Es dauerte etwa zwei Jahre, bis uns die Indianer in dem Reservat vertrauten. Dann öffneten sie sich – und zwar tiefer, als wir eigentlich erwartet hatten. Ich denke, wir haben ihr Vertrauen durch verschiedene Dinge erworben, z.B. dadurch, dass sie merkten: Wir sind verlässlich und stehen zu unserem Wort (gerade die Indianer haben im Verlauf ihrer Geschichte viele Wortbrüche erlebt) und wir bewahren Verschwiegenheit und Vertraulichkeit. Und sicherlich war ganz wesentlich, dass sie gespürt haben, dass es uns um ihr Wohlergehen geht, dass und wir uns Gedanken machen, wie wir ihnen helfen können.

In ein offenes Herz kann man viel von Jesus hineinlegen, denn er möchte unser Herz berühren. Und man kann auch Menschen, die ihr Herz geöffnet haben und erlauben, ihre Last mitzutragen, auf ganz natürliche Weise Gebet anbieten!

Nachgedacht

- Bei welchen Menschen, die Jesus noch nicht kennen, bist du nahe an dem dran, was sie wirklich bewegt und beschäftigt? Schreibe die Namen dieser Menschen auf.

Umgesetzt

- Was bewegt und beschäftigt diese Menschen gerade? Schreibe auch das auf und bete für sie.

TAG 30

N = Nachfragen

Angedacht

Ich habe diesen Punkt extra als eine „missionale Praxis" aufgenommen, da wir uns in unserer schnelllebigen Kultur oft mit dem Zuhören schwer tun – leider auch viele Christen. Hinzu kommt, dass wir häufig stark mit uns selbst beschäftigt sind. Nur wenn wir in der Lage sind, in die Welt eines anderen einzutreten, werden wir ihn auch zu Jesus führen können. Wir müssen ihn ja dort abholen, wo er steht – und das geht nur, wenn wir in seine Welt eintreten.

Jesus fasst das Gesetz und die Propheten in Matthäus 7,12 folgendermaßen zusammen: *„Alles nun, was ihr wollt, dass euch die Leute tun sollen, das tut ihr ihnen auch!"*

Hast du schon einmal erlebt, wie gut es dir tat, dass jemand dir zuhörte und nachfragte und wirklich versuchte, in deine Welt einzutreten? Genau darum geht es: auf bedeutungsvolle Weise in die Welt eines anderen einzutreten.

Wenn wir uns das Wunder der Menschwerdung Gottes in Jesus genauer anschauen, ist genau das passiert: Gott ist in Jesus in unsere Welt eingetreten!

Ich habe von einer Frau gehört, die sich einfach vorgenommen hat, ein offenes Ohr für ihre Nachbarn zu haben und sich für ihre Nöte zu interessieren. Nach einiger Zeit hatte sie so viele Gespräche mit ihren Nachbarn, dass es beinahe zu einer Vollzeitbeschäftigung gereicht hätte. Die Nachbarn fingen an, ihr das Herz auszuschütten. Was für eine hervorragende Gelegenheit, die Liebe Jesu in der Nachbarschaft inkarnatorisch zu leben!

Wir haben einen ziemlich großen Freundeskreis. Darunter sind zwei Ehepaare, bei denen zumindest entweder der Mann oder die Frau gute Zuhörer sind. Ich habe mich gefragt, warum wir diesen beiden Ehepaaren mehr und Tieferes erzählen als anderen. Ich denke, es liegt neben unserer guten freundschaftlichen Beziehung daran, dass ich spüre, dass sie mit dem Herzen dabei sind. Das zeigt sich darin, dass sie immer wieder aktiv nachfragen und versuchen, wirklich in unsere Welt einzutreten und uns zu verstehen.

Mit dem Herzen zuhören, aktiv nachfragen und versuchen, in die Welt des anderen einzutreten, öffnet die Türen zum Herzen des anderen – und öffnet damit die Türen, das Evangelium auf bedeutungsvolle Weise zu vermitteln. Es ist eine Kunst, die jeder erlernen kann!

Nachgedacht

- Was bedeutet es für dich, dass Jesus in unsere – und damit auch in deine – Welt eingetreten ist?
- Hast du schon einmal erlebt, dass jemand dir interessiert zugehört hat und auf der Herzensebene in deine Welt eingetreten ist? Wenn ja, was hat das bei dir bewirkt?

Umgesetzt

- Höre heute jemandem einmal ganz bewusst zu und frage nach!

...EIN FUNKE VON SPARK

Ich fang dann mal an

Und ich will dabei sein, wenn Gottes Reich kommt.
Ich will helfen Essen zu verteilen und Fahrräder zu reparieren.
Ich will Getränke servieren und Worte, die heilen.
Ich will - wenn auch nur metaphorisch -
Im Chor mitsingen,
will helfen den Blinden Farbe,
den Tauben Töne zu bringen.
Will andrer Leute Blumen gießen,
die den Beton durchbrechen
und Petitionen Unterschreiben,
die den Starken widersprechen.
Den Kreativen will ich Rucksäcke
voll Pinsel bringen.
Ich helfe gerne, dass andere Projekte gelingen.
Und wenn keiner losgeht?
Wenn ich nicht einfach mitmachen kann?
Dann nehm ich meinen Stift und fange selber an.
Ich schreibe ein paar Zeilen,
mache den ersten Schritt.
Auch wenn sich nicht alles reimt.
Vielleicht kommt ja jemand mit!?

Thomas Franke, Heidelberg

Teil 3: Weitere Tipps für einen missionalen Lebensstil

TAG 31

Haifisch, Karpfen oder Delphin?

Angedacht

Ich möchte eine Analogie anbringen: Am Anfang unseres Christseins sind wir häufig so erfüllt, dass wir sowohl zur passenden als auch zur unpassenden Zeit über Jesus reden. Wir wollen, dass alle unsere Freunde zu Jesus finden, und gehen wie ein Haifisch auf Beutefang. Dabei fehlt uns manchmal das Feingefühl, was wir wann sagen können oder sollten – und was besser nicht. Aus diesem Grund verprellen wir vielleicht einige Leute. So gehen wir in einen anderen Modus: Wie ein Karpfen tauchen wir ab und schwimmen am Grund des Sees entlang. Von uns ist nicht mehr viel zu sehen. Immer seltener bekennen wir uns mit Worten zu Jesus, und manche Leute in unserem Umfeld wissen gar nicht, dass wir Christen sind, weil wir es nicht bezeugen. Vielleicht sind wir frustriert, zumindest aber verunsichert, wie wir uns verhalten sollen, weil durch unser Haifisch-Verhalten nicht viele Menschen zum Glauben gefunden haben. Allerdings geschieht durch das Gründeln am Boden auch nicht viel.

Was ist nun die Lösung? Weder Haifisch noch Karpfen – sondern Delphin. Delphine sind sehr kluge Lebewesen. Sie wissen, wann sie auftauchen oder untertauchen sollen – und weil sie so klug sind und ihre Energie so gut einteilen können, können sie auch sehr hohe Sprünge machen. So müssen wir wie Delphine klug sein! Wir müssen lernen, Deutlichkeit und Liebe miteinander zu verbinden. Wir müssen Feingefühl entwickeln, was man wo sagen kann und was besser nicht – und auch wie wir es sagen sollen.

Menschen sind von ihrem Persönlichkeitstyp her sehr unterschiedlich und sie stehen auch an sehr unterschiedlichen Punkten auf ihrer Reise zu Gott. So sieht auch der jeweils nächste Schritt für die betreffende Person anders aus! Hier braucht es viel Feingefühl und Weisheit im Umgang mit Menschen.

Es ist interessant zu sehen, wie Jesus mit verschiedenen Menschen unterschiedlich umgegangen ist: Bei den Pharisäern war er sehr deutlich, direkt und konfrontativ (siehe z.B. Matthäus 23,13–36). Er versuchte sozusagen die „harte Nussschale“ mit deutlichen Worten zu „knacken“ und zu den Herzen der Pharisäer durchzudringen.

Mit Maria und Martha ist er wesentlich sanfter umgegangen (siehe z.B. Lukas 10,38–42). Er versuchte, das „geknickte Rohr“ nicht zu zerbrechen.

So müssen auch wir mit jedem anders umgehen: Der eine braucht vielleicht ein Wort der Ermutigung oder Bestätigung – der andere möglicherweise ein Wort, durch das er mit der Wahrheit konfrontiert wird, das für ihn vielleicht im Augenblick unbequem ist, ihn aber, wenn er darauf eingeht, weiterbringen kann.

Manchmal brauchen wir vielleicht auch selber Heilung und Ermutigung, weil sich möglicherweise nicht viele Leute in unserer Haifischphase bekehrt haben und wir entmutigt und frustriert sind.

Nachgedacht

- Wo hast du dich in deinen Evangelisationsbemühungen wie ein Haifisch verhalten?
- Wo hast du dich wie ein Karpfen verhalten, bist untergetaucht und hast dich nicht zu Jesus bekannt, obwohl du es hättest tun können?
- Welche Leute, mit denen du in Beziehung stehst und die du zu Jesus führen möchtest, brauchen ein Wort der Ermutigung oder Bestätigung?
- Welche Leute brauchen eher ein konfrontatives, richtungsweisendes Wort?

Umgesetzt

- Was möchtest du welchen Leuten konkret sagen?

TAG 32

Der richtige Mix von Wahrheit und Liebe

Angedacht

Ich möchte das Thema der richtigen Mischung von Wahrheit und Liebe noch etwas genauer unter die Lupe nehmen, da es sehr entscheidend ist, den richtigen Mix zu finden.

Der Jünger Johannes fasst den Charakter Jesu mit folgenden Worten zusammen: *„…wir sahen seine Herrlichkeit, eine Herrlichkeit als des eingeborenen Sohnes vom Vater, voller Gnade und Wahrheit.“* (Johannes 1,14b).

„Gnade“ und „Wahrheit“ – das sind die beiden Pole, die bei uns häufig weit auseinanderklaffen. Meistens befinden wir uns aufgrund unseres Persönlichkeitstyps und Familienhintergrundes stärker auf einer Seite und müssen lernen, in dem anderen Bereich zu wachsen. (Generell sind wir Deutschen in anderen Ländern dafür bekannt, dass wir sehr „direkt“ – also auf der Wahrheitsseite – sind.)

Um herauszufinden, zu welcher Seite du neigst, können dir folgende Überlegungen bzw. Fragen helfen. Mache bitte ein Kreuz in den Kreis, wenn der betreffende Satz auf dich zutrifft:

○ Mir ist es wichtig, dass der andere weiß, wie ich über bestimmte Dinge denke.

○ Mir ist es wichtig, den anderen zu verstehen.

○ Mir macht es nicht so viel aus, wenn es bei Diskussionen zu Disharmonien kommt, weil ich meinen Standpunkt deutlich und stark vertrete.

○ Ich leide unter Disharmonie in der Beziehung und bin bereit, meinen Standpunkt nicht so deutlich zu vertreten, um die Beziehung nicht zu sehr zu belasten.

Wenn du ein Kreuz bei Satz 1 und 3 gemacht hast, bist du vermutlich auf der „Wahrheitsseite" – wenn du es bei dem Satz 2 und 4 gemacht hast, vermutlich auf der „Gnadenseite". Es ist wichtig, dass es hier nicht um „besser" oder „schlechter" geht, sondern darum, die Tendenz in unserem natürlichen Verhaltensstil zu entdecken – und dann daran zu arbeiten, um mehr in die Balance zu kommen.

Ich glaube, dass Jesus 100% voller Gnade und 100% voller Wahrheit war. Wenn er die Wahrheit gesagt hat, hat er sie immer in Liebe gesagt! Dieses Ziel werden wir nie völlig erreichen. Und wir werden immer aufgrund unseres Persönlichkeitstyps und unserer Prägung stärker zu einer Seite neigen – und das ist auch okay so. Dennoch dürfen wir wachsen und Jesus ähnlicher werden. Der Apostel Paulus hat das auf seine Weise hervorragend zusammengefasst, wenn er schreibt:

„speaking the truth in love". (Epheser 4,15 NIV). Das ist das Ziel: Die Wahrheit in Liebe zu sagen!

Eine gute Frage, die man sich als „Wahrheitstyp" stellen kann, lautet: Warum sage ich jetzt das Ganze? Sage ich es, damit ich recht behalte bzw. die Argumentation gewinne? Oder sage ich es, um dem anderen weiterzuhelfen, und weil ich das Beste für den anderen möchte?

Eine gute Frage, die man sich als „Gnadentyp" stellen kann, ist: Warum spreche ich nicht aus, was ich eigentlich denke? Sage ich es nur deswegen nicht, weil ich Spannung in der Beziehung befürchte?

Eine gute Frage, die sich beide stellen können, lautet: Was würde dem anderen jetzt helfen und ihn weiterbringen?

Manchmal ist es auch eine Frage des Zeitpunktes. Ich habe gute Erfahrungen damit gemacht, Dinge auch einfach mal stehen zu lassen, für den anderen zu beten und Jesus zu fragen, wann der richtige Zeitpunkt ist, etwas anzusprechen.

Insgesamt wird der Wahrheitstyp auch mehr Wert auf das „Was" legen, während der „Gnadentyp" sich mehr Gedanken über das „Wie" macht. Hier habe ich als jemand, der von seinem Naturell und von seiner Prägung her zur Wahrheitsseite neigt, viel von meiner Frau gelernt. Ich mache mir inzwischen wesentlich mehr Gedanken darüber, wie ich etwas sagen kann.

Und zu guter Letzt ist es ja auch ganz entscheidend, was die andere Person im Augenblick braucht. Manchmal braucht der andere vielleicht eine deutliche Konfrontation – manchmal verständnisvolles Zuhören und ein Wort des Trostes und der Ermutigung.

Nachgedacht

- Bist du mehr auf der „Wahrheitsseite“ oder auf der „Gnadenseite“?

Umgesetzt

- Welche konkreten Schritte möchtest du gehen, um in deinem „schwachen Bereich“ zu wachsen?

TAG 33

Entscheidend ist die Richtung!

Angedacht

Entscheidend ist die Richtung, in der ein Mensch unterwegs ist! Stellen wir uns das Zentrum in Form eines Kreuzes vor, das für Jesus steht.

Jeder Mensch ist in irgendeine Richtung im Hinblick auf das Kreuz unterwegs. Jemand kann ganz weit weg vom Kreuz sein, sich aber dennoch darauf zubewegen. Jemand anders kann ganz nah an diesem Kreuz sein, sich aber davon wegbewegen. Ein Dritter kann halbwegs nahe daran sein und keine relevanten Schritte im Hinblick auf seine Beziehung zu Jesus tun. Ersteres könnte jemand sein, der in Alkohol und Drogen gefangen ist, wenig von Jesus weiß, sich aber dennoch auf Jesus zubewegt, weil er sich für ihn interessiert und mehr über Jesus herausfinden möchte. Das hebräische Wort für „sich bekehren" (schub) meint genau das: eine Umkehr und Hinkehr zu Gott – also einen Richtungswechsel im Hinblick auf Gott. Das Zweite könnte ein langjähriger Christ sein, der sich aber im Augenblick von Jesus entfernt, weil er falsche Entscheidungen trifft. Das Dritte könnte ein Mensch sein, der im Augenblick keine Verbindung zwischen seinem Leben und Gott herstellen kann und weder in die eine noch in die andere Richtung eine bedeutungsvolle Entscheidung trifft. (Es kann natürlich gut sein, dass er sich trotzdem unbewusst durch seine Entscheidungen auf Gott zubewegt oder sich von ihm entfernt.)

In christlichen Kreisen definiert man häufig aufgrund bestimmter Verhaltensweisen, wer „dazugehört". Wenn jemand sich entsprechend verhält, ist er „in", wenn nicht, ist er „out".

Gott hingegen achtet in erster Linie auf das Herz (1. Samuel 16,7) und sieht, ob sich ein Mensch ihm zuwendet und auf ihn zubewegt oder ob er sich abwendet und sich von ihm wegbewegt.

Das Verhalten ist die „Frucht", die aus dieser inneren Beziehung zu Gott erwächst (Matthäus 7,16–20).

Ein Farmer in Südamerika zeigte einmal einem Bauern aus Deutschland die riesigen Felder, auf denen er und andere Farmer ihre Rinder weiden ließen. Der deutsche Bauer meinte, sie würden doch eigentlich unendlich lange Zäune brauchen, damit die Rinder nicht davonliefen. Erstaunt erwiderte der Farmer: „Wir bauen keine Zäune – wir graben Brunnen!“ Das ist ein wunderbares Bild für eine Denkweise, die auf das Zentrum, Jesus, ausgerichtet ist.

Natürlich gibt es Grenzen, z.B. Verhaltensweisen und einen Lebensstil, der mit einem Leben mit Jesus nicht vereinbar ist, wie Paulus an mehreren Stellen in seinen Briefen mahnt.[28] Aber das Hauptaugenmerk muss immer auf Jesus ausgerichtet sein!

Uns hat dieser Denkansatz – dass es entscheidend ist, in welche Richtung sich ein Mensch im Hinblick auf das Zentrum, Jesus, bewegt – in dem Reservat sehr geholfen, denn wir hatten es mit vielen Menschen zu tun, die weit weg von einem Leben mit Gott waren. Sie haben Drogen genommen, waren oft betrunken, hatten immer wieder außerehelichen Sex und kamen auch nicht selten mit dem Gesetz in Konflikt. Wir konnten sie aber zu Entscheidungen ermutigen und anleiten, die sie in die richtige Richtung - auf Jesus zu - führten. Und so sind sie weitergekommen – bis sie dann oft (manchmal nach einem längeren Zeitraum) ihr Leben Jesus anvertraut haben!

Durch diesen Denkansatz haben sie auch schnell ein zunehmendes Verständnis dafür entwickelt, in welchen Situationen sie Entscheidungen treffen, die sie in die falsche Richtung führen, was für sie ebenfalls sehr hilfreich war!

---

28 Siehe z.B. die sogenannten „Lasterkataloge“, wo Paulus Verhaltensweisen nennt, die mit dem Reich Gottes nicht vereinbar sind, z.B.: 1. Kor. 6,9–11; Gal. 5,19–21.

Nachgedacht

- In welcher Hinsicht ist dieser „zentrische Ansatz“ für dich hilfreich?
- Kennst du Menschen in deinem Umfeld, von denen du das Gefühl hast, dass sie sich auf Jesus zubewegen?

Umgesetzt

- Wie kannst du diese Menschen in ihrer Bewegung auf Jesus zu konkret unterstützen?

TAG 34

Ein hilfreiches Tool: Die „Engel-Skala"

Wenn die Richtung so wichtig ist, in der sich Menschen bewegen und Menschen, die sich auf Jesus zubewegen, normalerweise im Verlaufe eines Prozesses Christ werden, lohnt es sich, diesen Prozess etwas genauer anzuschauen. Jemand, der genau das gemacht hat, war James F. Engel. Zusätzlich hat ihn die Frage beschäftigt, warum wir in unseren evangelistischen Bemühungen oft so wenig erfolgreich sind. So hat er auch Studien aus dem säkularen Bereich über Einstellungen und Einstellungsveränderungen zu Hilfe genommen, um zu erklären, warum bei unseren Evangelisationsbemühungen vieles schief läuft.[29] Es gibt inzwischen verschiedene Versionen der „Engel-Skala". Im Folgenden präsentiere ich eine kombinierte Version, wie ich sie nach John Wimber in seinem Buch „Vollmächtige Evangelisation"[30] und dem Artikel „The Modified Engel Scale. Working with God in Evangelism"[31] von Paul Hazelden entwickelt habe. Natürlich ist jeder Mensch einzigartig und der Weg jedes Menschen zu Gott individuell anders. Dennoch halte ich das Konzept für hilfreich, da es hilft besser zu verstehen, wo der andere möglicherweise auf seiner Reise zu Gott gerade steht und was der nächste Schritt sein könnte.

-11	Vages Bewusstsein von Gott / Glauben an ein „höheres Wesen“
-10	Erfahrung von „innerer Leere“
-9	Überlegung, ob man mehr über Gott wissen kann
-8	Bewusstsein von Jesus
-7	Erfahrung von christlicher Liebe
-6	Interesse an Jesus oder am Christentum
-5	Kenntnis der Grundzüge des Evangeliums
-4	Positive Einstellung gegenüber der Möglichkeit, ein Christ zu werden
-3	Verständnis der persönlichen Ansprüche des Evangeliums an den Einzelnen
-2	Erkenntnis der persönlichen Relevanz für einen selber
-1	Herausforderung, persönlich zu reagieren
0	Umkehr und Glauben an Christus
+1	Selbstverständnis als Glied im Leib Christi
+2	Erkennen geistlicher Zusammenhänge und Änderung des Verhaltens
+3	Entdeckung der eigenen Gaben und Wachstum im Glauben und Charakter

Natürlich hört der Jüngerschaftsprozess hier nicht auf. Man fängt an, anderen mit seinen Gaben zu dienen, seine Berufung zu entdecken und seinen Platz in der Gemeinde und in der Gesellschaft einzunehmen und man hört hoffentlich nie auf, Jesus ähnlicher zu werden etc. Ein Jünger ist ein lebenslang Lernender!

Bei manchen Menschen oder Volksgruppen muss man noch weiter vorne ansetzen (bei -12 oder -13): So haben z.B. manche Menschen überhaupt keinen gedanklichen Rahmen, in dem Gott vorkommt (wie z.B. viele Menschen in kommunistischen oder ehemals kommunistisch beeinflussten Ländern). Andere Menschen oder Volksgruppen haben eine negative Sicht vom Christentum, wie z.B. die Indianer, unter denen wir gearbeitet haben. Das trifft sicherlich auch auf viele Moslems und Juden aufgrund der geschichtlichen Erfahrungen mit dem Christentum zu.

Hier ist es ganz besonders wichtig, die Liebe Jesu durch unser Leben und z.B. durch „acts of kindness", durch Taten der Barmherzigkeit, sichtbar und anschaulich zu machen.

Ich empfinde die Engel-Skala als hilfreich, da sie uns auf einiges aufmerksam macht:

- Normalerweise werden Menschen in einem Prozess Christen. Die sogenannten „Pauluserfahrungen" sind eher die Ausnahme! (Wir wissen übrigens auch gar nicht, auf welche Weise Gott im Leben von Paulus schon vorher am Werke war und was „hinter den Kulissen" in seinem Herzen schon alles passiert ist.)
- Sie hilft uns besser zu verstehen, wo ein Mensch auf seinem Weg zu Jesus gerade steht.

- Sie macht deutlich, dass es nicht nur darum geht, einem Menschen zu helfen, über die „Linie“ zu kommen. (Die „Linie“ ist die Bekehrung bei 0.)
- Sie weist uns darauf hin, dass der jeweils nächste Schritt wichtig ist, denn jeder Schritt entlang der Engel-Skala ist für die betreffende Person wichtig und bedeutungsvoll!
- Sie macht deutlich, dass die Veränderung der *Haltung* und *Einstellung* eines Menschen gegenüber dem Evangelium und Jesus entscheidend ist. Ganz wichtig ist der Punkt, wenn ein Mensch *Interesse* an Jesus oder am Christentum findet.

John Wimber war der Meinung, dass Menschen den in der Engel-Skala aufgezeigten Prozess schneller durchlaufen, wenn sie „Power Evangelism“ erleben – also im Evangelisationsprozess die Kraft Gottes erleben. Das kann durch eine unmittelbare Heilung oder sonstige Berührung durch Gott geschehen, aber auch durch ein prophetisches Wort, mit dem Gott einen Menschen direkt anspricht etc.

Nachgedacht

- Wo stehen Einzelne, die dir besonders auf dem Herzen liegen, auf ihrem Weg zu Jesus? Wo kannst du sie auf der Engel Skala einordnen?

Umgesetzt

- Für was kannst du bei jedem Einzelnen konkret beten?

---

29 James F. Engel and Wilbert Norton: What's Gone Wrong with the Harvest?

30 John Wimber + Kevin Springer: Vollmächtige Evangelisation, S. 64f.

31 Paul & Sue Hazelden haben eine modifizierte „Engel-Scale" entwickelt, wo es zusätzlich darum geht, was Gott in den einzelnen Phasen tut und wie man besser mit Gott zusammenarbeiten kann. Siehe http://www.hazelden.org.uk/pt02/art_pt068_modified_engel_full.htm.

TAG 35:

Zwei starke Bilder

Angedacht

Jesus hat zwei wunderschöne Bilder gebraucht, die das Wesen eines missionalen Lebensstils beschreiben:

> *„Ihr seid das Salz der Erde. Wenn jedoch das Salz seine Kraft verliert, womit soll man sie ihm wiedergeben? Es taugt zu nichts anderem mehr, als weggeworfen und von den Leuten zertreten zu werden. Ihr seid das Licht der Welt. Eine Stadt, die auf einem Berg liegt, kann nicht verborgen bleiben. Auch zündet niemand eine Lampe an und stellt sie dann unter ein Gefäß. Im Gegenteil: Man stellt sie auf den Lampenständer, damit sie allen im Haus Licht gibt. So soll auch euer Licht vor den Menschen leuchten: Sie sollen eure guten Werke sehen und euren Vater im Himmel preisen."* (Matthäus 5,13–16 NGÜ).

Salz hat verschiedene Funktionen: Zunächst einmal würzt es die Speise. Wer einmal etwas ohne das nötige Salz gegessen hat, weiß, wie fade das schmeckt. So sollen wir als Jünger Jesu Würzkraft und Farbe in das Leben bringen. Salz konserviert aber auch und schützt vor Verfall. Als es noch keine Kühlschränke gab, war Salzen das primäre Mittel, Speisen über einen längeren Zeitraum zu erhalten. So sollen wir als Christen dem Verfall der Gesellschaft entgegenwirken und das Gute erhalten. Schließlich macht Salz auch durstig. Ich staune immer wieder, wie schnell der Durst kommt, wenn man etwas Salziges gegessen hat. (Einige Restaurantbesitzer scheinen das zu wissen und ihre Speisen besonders kräftig zu salzen, um den Getränkekauf anzuregen.)

Egal welche Wirkungsweise von Salz man in den Vordergrund stellt, eines haben alle gemeinsam: Das Salz muss raus aus dem Salzstreuer, um seine Wirksamkeit zu entfalten! Im Salzstreuer ist es zu nicht viel nütze. Es ist auch zu konzentriert. Es muss auf das Essen gestreut werden, mit dem Essen in Kontakt kommen, wenn es seine Wirksamkeit entfalten soll!

Jesus weist in seinem Wort auch darauf hin, dass das Salz an Salzkraft verlieren kann. Das ist dann der Fall, wenn wir uns in unserem Lebensstil kaum von Nichtchristen unterscheiden. Hier liegt eine große Herausforderung. Wie leben wir? Wie sieht unser Lebensstil aus? Denn unser Leben predigt immer lauter als unsere Worte. Unser Lebensstil sollte so aussehen, dass Menschen „Durst" nach Gott bekommen, also fragend und neugierig werden und anfangen sich für den zu interessieren, der unser Leben verändert hat und verändert und uns Sinn und Ziel im Leben gibt.

Der zweite Teil des Wortes von Jesus, wo es um das Licht geht, weist genau in die gleiche Richtung: Man muss dazu wissen, dass ein Haus zur Zeit Jesu in Israel nur aus einem großen Zimmer bestand. Wenn Jesus sagt, dass wir unser

Licht nicht unter ein Gefäß bzw. Eimer (so übersetzt es die „Hoffnung für alle") stellen sollen, so meint er damit, dass es allen leuchten soll, die im Haus – also in unserem Leben – sind. Dieses Licht gibt Orientierung und es weist zugleich auf Gott hin: „*... damit sie eure guten Werke sehen und euren Vater im Himmel preisen.*" Darum ermutigt uns Jesus: *So lasst euer Licht leuchten vor den Leuten...*"

Und natürlich offenbart unser Lebensstil auch, wer oder was wirklich unser Gott ist. Im hebräischen Denken ist Wahrheit nicht wie im griechischen Denken (durch das wir in der westlichen Welt stark geprägt sind) eine abstrakte gedankliche Wahrheit, sondern immer eine konkrete, das Leben bestimmende Wahrheit, nach dem Motto: „Zeige mir dein Leben und ich sage dir, an was du glaubst!"

Nachgedacht

- Wie stark ist deine „Salzkraft"? Bist du in einigen Bereichen deines Lebens „fade" geworden?

Umgesetzt

- Wie kannst du heute das Licht Gottes ganz praktisch durch dich hindurch scheinen lassen?

TAG 36

Entdecke deinen persönlichen Stil

Angedacht

Wenn wir missional unterwegs sind, ist es wichtig, unseren persönlichen Stil zu entdecken. Sonst kann es schnell passieren, dass unser Reden von Jesus verkrampft ist und wenig authentisch rüberkommt. Dann werden wir auch schnell den nötigen Schwung verlieren. In Anlehnung an das Buch von Bill Hybels „Bekehre nicht – lebe!“[29], führe ich einige Stile auf und ergänze sie:

Der konfrontative Stil: An ihn denken wir bei dem Wort „Evangelisation“ wahrscheinlich am ehesten. Konfrontativ ist jemand, der die Dinge klar und deutlich anspricht und Jesus mutig bekennt. Wir sehen diesen Stil z.B. bei Petrus in der Apostelgeschichte: *„So wisse nun das ganze Haus Israel gewiss, dass Gott diesen Jesus, den ihr gekreuzigt habt, zum Herrn und Christus gemacht hat!“ (Apg. 2,36)* Wenn man sich vor Augen hält, dass er damit ganz direkt diejenigen anspricht, die für den Tod Jesu verantwortlich sind, ist das eine gewal-

---

29 Bill Hybels, Mark Mittelberg: Bekehre nicht – lebe! So wird Ihr Christsein ansteckend, S. 137-152.

tige Konfrontation! Ich denke, dass der Erfolg der konfrontativen Evangelisation stark von unserem Gegenüber abhängt. Manchen Leuten muss man Dinge deutlich sagen, damit sie aufwachen und der Wahrheit ins Auge schauen.

Der argumentative Stil: Menschen, die diesen Stil praktizieren, lieben es, mit Argumenten von der Richtigkeit oder Relevanz des christlichen Glaubens zu überzeugen. Sie scheuen keine Diskussion und es macht ihnen Freude, die innere Logik des christlichen Glaubens aufzuzeigen. Paulus hat diesen Stil immer wieder praktiziert. In der Apostelgeschichte wird an mehreren Stellen berichtet, dass er sowohl Juden als auch Griechen überzeugte (Apg. 18,4; 19,8). Dieser Stil ist besonders bei Menschen erfolgreich, die nach intellektuellen Antworten suchen.

Der zeugnishafte Stil: Wer den zeugnishaften Stil praktiziert, gibt gerne das weiter, was Gott in seinem Leben getan hat, und erzählt, wie sich sein Leben durch Jesus verändert hat. Von dem Blindgeborenen wird in Johannes 9,25 berichtet, er habe gesagt: *„... eins aber weiß ich: dass ich blind war und bin nun sehend.“* Wenn ich erzählen kann, was Jesus in meinem Leben getan hat und was er für mich bedeutet, hat das enorme Kraft! Besonders der postmoderne Mensch ist zutiefst daran interessiert, was echt ist, „funktioniert“ und erfahrbar ist. Deine „God-Story“ hat Kraft!

Der dienende Stil: Menschen, die diesen Stil bevorzugen, lieben es, die Liebe Jesu auf praktische Weise zum Ausdruck zu bringen. Nicht selten haben sie auch die geistliche Gabe des Dienens. Es fällt ihnen meist auch leichter, mit anderen Menschen über Glaubensfragen ins Gespräch zu kommen, wenn sie dabei etwas tun können. Von Tabea heißt es in Apostelgeschichte 9,36–39, dass sie viele gute Werke getan und den Leuten Kleider und Röcke genäht hat. Dadurch war sie in ihrem Umfeld sehr beliebt, besonders auch bei den Witwen, wie Lukas in dem Text besonders hervorhebt. Dienende und barmherzige Liebe kann ein enormer Türöffner für das Evangelium sein!

Der einladende Stil: Manche Menschen laden gerne andere ein – entweder zu sich nach Hause (meist, wenn sie die Gabe der Gastfreundschaft haben) oder zu einem christlichen Event. Ich kenne viele, die aufgrund der Einladung zu einer christlichen Veranstaltung zum Glauben gekommen sind. Das kann ein Gottesdienst sein oder ein Alphakurs oder eine andere Veranstaltung, die speziell auf Nichtchristen ausgerichtet ist. Von der Frau am Brunnen heißt es, dass sie in die Stadt ging und die Leute einlud, Jesus kennenzulernen (Johannes 4,28–30). Das war sehr erfolgreich! Viele aus der Stadt fanden zum Glauben an Jesus (Johannes 4,39–42).

Der hirtliche Stil: „Hirten" haben den ganzen Menschen mit seinen geistlichen, emotionalen, körperlichen und sozialen Bedürfnissen im Blick und möchten dem anderen in allen Bereichen weiterhelfen. Der Hirte interessiert sich ganz natürlich für den anderen und dafür, wie es ihm geht. So wird er bei Gesprächen bei den Nöten der Menschen ansetzen und bei dem, was sie bewegt und beschäftigt. Das ist natürlich immer gut – aber bei einem hirtlichen Menschen kommt es ganz von alleine. Ich glaube, dass in unserer selbstzentrierten Gesellschaft immer mehr Menschen durch diesen Stil zum Glauben finden werden. Wichtig: Ein Hirte soll nicht denken, er könne nicht evangelisieren, sondern soll gerade seine hirtliche Gabe bewusst in den Dienst der Evangelisation stellen – wie Jesus es selbst getan hat (siehe z.B. Joh. 10,11)!

Meiner Erfahrung nach hat niemand nur einen Stil, sondern eine Stilkombination. Da unser Gegenüber auch einzigartig ist und vielleicht gerade einen besonderen Stil braucht, der ihm den Zugang zum Glauben ermöglicht, wird man sich in seinem Stil auch an sein Gegenüber anpassen wollen. Dennoch hat jeder eine Kombination, die ihm am meisten entspricht. Und manchmal ist genau so jemand gefragt wie du – dein Persönlichkeitstyp, dein Zugang zum Glauben, deine Art zu kommunizieren – damit jemand zum Glauben findet!

Wenn du dann noch lernst, deinen persönlichen Stil in das SEGELN einzubetten, wirst du viel Gutes erleben! Stell dir vor, du „konfrontierst" gerade jemanden und du tust das in einer segnenden Haltung. Oder du „argumentierst" gerade mit jemanden und lädst Gott ein und er legt dir ein ganz persönliches Wort für den anderen aufs Herz. Und vieles mehr…

Nachgedacht

- Bei welchem Stil bzw. bei welcher Stilkombination findest du dich am ehesten wieder?
- In welchem der Stile willst du gerne mehr wachsen?

Umgesetzt

- Welche konkreten Schritte möchtest du gerne gehen um in diesem Stil zu wachsen?

TAG 37

Eine herausragende missionale Begegnung von Jesus

Angedacht

Es gibt eine Geschichte im Neuen Testament, in der wir besonders viel über die Art und Weise, wie Jesus missional unterwegs war, lernen können. Es ist die Begegnung zwischen Jesus und der Samariterin, von der in Johannes 4,1–42 berichtet wird. Interessanterweise können wir dort alle Elemente unserer missionalen Praktiken wiederfinden.

Auf seinem Weg von Judäa nach Galiläa kommt Jesus durch Samarien. Es ist eine mühsame Reise durch eine Gegend, die teilweise Wüste ist. Es heißt ausdrücklich, dass Jesus *„müde war von der Reise"*. So kann ich mir gut vorstellen, dass er sich im Augenblick nicht nach einem evangelistischen Gespräch gefühlt hat. Da Jesus aber grundsätzlich missional unterwegs war und offen war für alles, was Gott durch ihn tun wollte (Joh. 5,19), stelle ich mir vor, dass er folgende Frage beständig in seinem Herzen trug: „Vater, was möchtest du heute durch mich tun? Für wen kann ich heute ein **Segen** sein?" So hat Gott seine Aufmerksamkeit auf diese Frau gelenkt, die zu einer ungewöhnlichen Stunde an den Brunnen kam. Er fängt ein Gespräch mit ihr an – auf einer ganz alltägliche Ebene: *„Gib mir zu trinken!" (V. 7b)*. Hier sehen wir, wie Jesus **Beziehung baut** – auch wenn er nicht explizit mit ihr isst. Durch die Bitte um Wasser überwindet er eine dreifache Kluft: die Kluft zwischen Juden und Samaritern (die Kluft aufgrund der „Rasse"), die Kluft zwischen Mann und Frau (in der damaligen Kultur des vorderen Orients war es völlig ungewöhnlich, dass ein Mann mit einer Frau redete) und die Kluft zwischen „moralisch" und „unmoralisch" (die weitere Konversation macht das deutlich). Als Nächstes sehen wir, wie Jesus versucht, in der Frau einen geistlichen Hunger zu wecken bzw. ihr deutlich zu machen, dass hinter ihrer verzweifelten Suche nach Liebe und Anerkennung von Männern letztlich ein geistlicher Durst steckt. Dann kommt ein starkes, enthüllendes prophetisches Wort von Jesus, das die tiefe Not dieser Frau aufdeckt. In unserer Terminologie ist das die Praxis des **Gott-Einladens**: *„Fünf Männer hast du gehabt, und der, den du jetzt hast, ist nicht dein Mann." (V. 18)*. Sie begibt sich von einer Beziehung zur nächsten und die sexuelle Beziehung, die sie im Augenblick lebt, geschieht nicht im Bund der Ehe, was damals eine große Schande war. Aufgrund dieses präzisen prophetischen Eindrucks ergibt sich ein Gespräch, in dem Jesus ihr tiefe geistlich-theologische Wahrheiten über den wahren Ort und die richtige Art und Weise von Anbetung und noch vieles mehr **erklären** kann – bis hin zu der Frage, wo das Heil herkommt. Er gibt sich auch immer mehr selbst zu erkennen. Am Anfang hält sie ihn für einen ganz normalen Juden oder Rabbi, dann für einen Propheten und zum Schluss öffnet sie sich für die Möglichkeit, dass er der

Christus ist. Ihre Haltung gegenüber Jesus hat sich völlig verändert: von Skepsis über Interesse bis hin zu Bewunderung und der positiven Haltung gegenüber der Möglichkeit, dass Jesus der Christus sein könnte. (Wenn man an die Engel-Skala denkt, hat sie sich hier sehr schnell fortbewegt.) Und obwohl sie noch nicht völlig überzeugt ist, wird sie zu einer wirkungsvollen Zeugin Jesu mit dem Erfolg, dass viele aus der Stadt zu Jesus hinausgehen und zum Glauben kommen (V. 39). Dann laden sie Jesus sogar noch in ihre Stadt ein. Er bleibt zwei Tage dort. Es gibt eine richtige Erweckung und viele weitere Menschen erkennen, dass er *„der Welt Heiland" (V.42)* ist.

Auch die missionale Praxis des **Lastentragens** finden wir in der Geschichte: Jesus hat sie von der enormen Last der Schande befreit, indem er sie auf ihre unmoralische Beziehung angesprochen und das Gespräch nicht abgebrochen, sondern weitergeführt hat. Damit zeigte er ihr, dass er die Gemeinschaft mit ihr nicht aufgrund ihrer Sünden abbrach. Damals haben die frommen Leute die Gemeinschaft mit Sündern gemieden und sind Sündern aus dem Weg gegangen, um sich nicht zu verunreinigen. Es ist auch interessant, wie behutsam und liebevoll Jesus ihr das prophetische Wort mitgeteilt hat. Er versucht, sie nicht bloßzustellen, indem er ihre ausweichende Antwort, sie habe keinen Mann, einmal mit *„Du hast richtig gesagt"* und einmal mit *„das hast du recht gesagt"* kommentiert. (Verse 17b +18b).

Und auch wenn Jesus nicht explizit **nachgefragt** hat, wie es ihr geht, so zeigt doch die ganze Geschichte, dass er großes Interesse an ihr und ihrem Wohlergehen hat. Er versucht ihr mit ihrem fehlgeleiteten „Durst" nach Beziehung zu helfen, der sie immer wieder in die Arme der falschen Männer getrieben hat.

Nachgedacht

- Was kannst du von dieser herausragenden missionalen Begegnung Jesu mit der Samariterin lernen?

Umgesetzt

- Zu wem könntest du heute – wie Jesus – eine Brücke bauen?

TAG 38

Gemeinsam mit anderen unterwegs sein

Angedacht

Jesus war fast immer zusammen mit seinen Jüngern unterwegs und hat sie auch immer zu zweit ausgesandt. Er war offensichtlich der Meinung, dass gemeinsam besser ist als alleine! Auch in unserem Text im Lukas 10 heißt es „*...und sandte sie je zwei und zwei vor sich her in alle Städte und Orte, wohin er gehen wollte.*" (Lukas 10,1b)

Es gibt verschiedene Möglichkeiten, zusammen unterwegs zu sein: Du könntest versuchen herauszufinden, ob es in deiner Nachbarschaft noch andere Christen gibt und dich gemeinsam mit ihnen auf den Weg machen. Wenn sie aus deiner eigenen Gemeinde sind, ist das natürlich optimal, aber das muss nicht unbedingt sein. Ihr könnt euch zusammentun, gemeinsam beten und versuchen zu entdecken, wie Jesus euch in eurer Nachbarschaft gebrauchen möchte.

Ein anderer Weg ist, dass mehrere Einzelpersonen und/oder Familien bewusst in eine Nachbarschaft ziehen um dort Menschen zu erreichen. Es gibt inzwischen mehr und mehr solcher Projekte. Eine Familie, die wir kennen, ist mit anderen Familien in eine Plattenbausiedlung in Ostdeutschland gezogen. Sie bauen gezielt Kontakte zu ihren Nachbarn auf, feiern Feste, machen Grillpartys, bieten Hausaufgabenbetreuung an und vieles mehr. Gemeinsam sind sie „Salz und Licht" in ihrem Viertel.

Es können auch andere Zielgruppen als die Nachbarschaft sein. So haben wir neben den „Nachbarschafts-Connectgruppen" im Umfeld unserer Gemeinde in Heidelberg ein paar „Connect-Gruppen" gestartet, die mit verschiedenen Personengruppen in Kontakt sind: Junge Mütter treffen sich mit anderen jungen Müttern und ihren Kindern in ihren Häusern oder auf einem Spielplatz. Seit einiger Zeit gibt es das „Action House", das in die Künstlerszene hineinwirkt. Es finden dort verschiedene Kreativangebote (Nähkurse, Coworking etc.) statt, zu denen viele Außenstehende kommen. Es hat sich auch eine Arbeit unter Flüchtlingen entwickelt, bei der wir im Flüchtlingsheim bei Kaffee und Kuchen und auch bei Fußballspielen zu den Flüchtlingen Beziehungen aufbauen. Eine weitere Gruppe besucht Frauen im Bordell und baut Beziehungen zu ihnen auf und vieles mehr…

Eine andere Möglichkeit ist, dass sich Menschen aus ähnlichen missionalen Projekten zum regelmäßigen Austausch treffen. Das können z.B. Familien sein, die zwar an unterschiedlichen Orten wohnen aber dennoch in ihrem jeweiligen Wohnviertel bewusst missional unterwegs sein wollen. Wenn in einer solchen Co-Mentoring-Gruppe Leute mit mehr Erfahrung dabei sind, ist das besonders effektiv. Da kann man sich hervorragend gegenseitig inspirieren, ermutigen und voneinander lernen.

Ich bin seit einigen Jahren auch mit ein paar Leuten von Jugend mit einer Mission (JMEM) in Hainichen in Ostdeutschland missional unterwegs. Da JMEM dort einen Kindergarten hat, ergeben sich viele Kontaktpunkte. So haben wir zunächst einfach Beziehung zu den Eltern der Kinder aufgebaut und u.a. zu einem Elternkaffee eingeladen. Dann haben wir überlegt, dass wir eigentlich ab und zu einen Kurzvortrag zu den Kaffeetreffen anbieten könnten. (Wir haben es „Themen-Eltern-Café"genannt). Wir haben dazu überwiegend Kindererziehungsthemen und Themen zum Umgang mit Kindern gewählt. Das kam gut an und es sind immer mehr Leute dazu gekommen. Natürlich haben wir in die Themen immer auch biblische Wahrheiten einfließen lassen. Da zu dem Eltern-Café und Themen-Eltern-Café überwiegend Frauen kamen, haben wir überlegt, wie wir auch die Männer erreichen können – und haben uns entschieden, zu einem „Eltern-Stammtisch" einzuladen. Das wurde sehr gut angenommen. Nun kamen wesentlich mehr Männer dazu. Bei Würstchen, Brot und Bier etc. haben wir weiter Beziehung gebaut und auch immer einen thematischen Input gebracht. Das haben wir öfters angeboten und die Männer und Frauen saßen meistens bis Mitternacht zusammen. Als Nächstes haben wir dann für diejenigen, die mehr über den christliche Glauben herausfinden wollten, einen Grundkurs des Glaubens angeboten. Ein großer Teil der Leute kam. Am Abschlussabend haben ein paar Leute ihr Leben Jesus übergeben. Die ganze Gruppe – egal wie weit sie auf ihrer Reise zu Jesus waren – wollte weiter machen. So ist ein Hauskreis – gemischt aus Christen und Noch-Nicht-Christen – entstanden. Inzwischen haben wir einen weiteren Grundkurs des Glaubens durchgeführt, bei dem fast alle den Schritt getan haben, Jesus ihr Leben anzuvertrauen. So haben wir nun drei Hauskreise, in denen sich die Leute treffen. Angefangen hat das Ganze mit ein paar Leuten, die bereit waren zu SEGELN!

Optimal ist, wenn sich auch die ganze Gemeinde als missionale Gemeinschaft versteht. Dann wird sie einerseits bemüht sein, ständig neue Leute einzuladen und willkommen zu heißen, andererseits aber auch beständig den „missionalen Impuls" verstärken wollen – also den Impuls, der nach außen geht und Leuten dort begegnet, wo sie leben: in ihrer Nachbarschaft, am Arbeitsplatz, in der Verwandtschaft, im Wohnviertel, im Asylantenheim, im Gefängnis usw..

Nachgedacht

- Was ist die Zielgruppe, die Gott dir/euch aufs Herz legt?

Umgesetzt

- Mit welchen Menschen möchtest du dich auf die eine oder andere Weise (siehe oben) zusammentun?

TAG 39

Jesus und die erste „missionale Gemeinschaft" – und ein Modell von heute

Angedacht

Interessanterweise hat Jesus eine missionale Gemeinschaft gegründet, mit der er zusammen unterwegs war – die Schar seiner Jünger. Die Jüngerschar hatte einen klaren Außenfokus, eine Dienstorientierung. Jesus und seine Jünger waren ständig mit Menschen zusammen, die mehr oder weniger weit weg waren von Gott. Man kann sich fragen, an was Jesus gedacht hat, als er sagte, er wolle seine „Gemeinde" (ekklesia) bauen (Matthäus 16,18). Dachte er an eine Sonntagsgemeinde oder an eine missionale Gemeinschaft, die gemeinsam unterwegs ist und für Außenstehende da ist? Was Jesus jedenfalls vorgelebt hat, war eine missionale Gemeinschaft, die täglich zusammen unterwegs war und ihren Blick eindeutig nach außen gerichtet hat.

In dem Reservat haben wir eine Gemeinde gegründet, die zugleich eine missionale Gemeinschaft war. Diese bestand am Anfang nur aus meiner Frau, unseren Kindern und mir. Zunächst haben wir erst einmal versucht, die Kultur, Denk- und Lebensweise der Indianer kennenzulernen und zu verstehen. Wir haben auch viel für das Reservat gebetet. Später führten wir einen Alpha-Kurs durch, den wir an die Indianerkultur angepasst haben. Gott hat dann ganz unerwartet Türen in das örtliche Gefängnis geöffnet, in dem viele Indianer saßen. So haben Schritt für Schritt mehr und mehr Indianer zu Jesus gefunden. Mit diesen Leuten haben wir Gemeinde als missionale Gemeinschaft gelebt. So bestand unsere missionale Gemeinschaft aus lauter Menschen, die frisch zum Glauben gefunden haben. Wir haben Zeit miteinander verbracht, waren als Mentoren für sie da (auch ganz praktisch für die Bewältigung ihres Alltags), haben interaktive „Bible Studies" gemacht und hatten einen deutlichen Außenfokus. Wir wollten das Reservat verändern, und die Indianer waren unsere klar definierte Zielgruppe. So haben wir beständig Beziehungen zu Indianern gebaut, die Jesus noch nicht kannten. Wir haben sie in ihren Häusern besucht, haben ihnen immer wieder praktisch geholfen und ihnen natürlich auch von Jesus erzählt. So hat sich eine recht bunte Gruppe geformt, die aus vielen „Down and Outers" bestand. Da waren Drogenabhängige dabei, die ihr Leben Jesus gegeben haben, Alkoholiker, Prostituierte, ein Ex-Punker, ehemalige Gefängnisinsassen etc. Wir wollten bewusst eine missionale Gemeinschaft sein, die das Reservat als ihr Aufgabenfeld sieht. Wenn man so etwas mit lauter Neubekehrten startet, hat man zwei große Vorteile: Die jungen Christen haben noch viele Beziehungen zu ihren alten Freunden. Und sie sprechen nicht „christianesisch". (Häufig verwenden Christen bestimmte Worte und Redewendungen, die für Menschen, die mit dem christlichen Glauben nichts, oder nur wenig zu tun haben, nicht geläufig sind und daher oft abschreckend wirken.) Die Chancen für Wachstum sind gut! Wir haben sie auch ermutigt, die Beziehungen zu ihren alten Freunden nicht einfach abzubrechen, sondern ihr Beziehungsnetzwerk zu nutzen, um ihre alten Freunde zu Jesus zu führen.

Auf diese Weise ist durch unseren missionalen Lebensstil, der sich am SEGELN orientiert hat - fast als „Nebenprodukt" - eine Gemeinde entstanden. Wir hatten das von Anfang an nicht unbedingt beabsichtigt, sondern wollten den Indianern eigentlich primär dienen und einfach missional unterwegs sein. Dann mussten wir denen, die zum Glauben gekommen waren, eine geistliche Heimat bieten. In einer Gemeinde, die überwiegend aus Menschen mit weißer Hautfarbe besteht, die zur Mittelschicht gehören - wie fast alle umliegenden Gemeinden - hätten sie sich nicht wohl gefühlt.

Nachgedacht

- Wie stellst du dir Gemeinde / Gemeinschaft vor? Wie soll eine Gemeinde / Gemeinschaft aussehen, von der du ein Teil sein möchtest?
- Würdest du gerne eine missionale Gemeinschaft starten? Wenn ja, welche Leute kommen für ein solches Vorhaben in Betracht?

Umgesetzt

- Welche Leute möchtest du konkret ansprechen?

TAG 40

Missionale Praktiken ausgewogen praktizieren und den Rückenwind nützen

Angedacht

Im Verlaufe unseres „missionalen Trainings“ ist hoffentlich deutlich geworden, wie wichtig es ist, „intentional“ unterwegs zu sein, also ganz bewusst Dinge in den Alltag einzubauen, wie zum Beispiel:

- den Mitmenschen wahrzunehmen und sich für ihn zu interessieren;
- sich zu überlegen, wie man Leute segnen kann;
- nach Gelegenheiten Ausschau zu halten, wo man Beziehungen in der Nachbarschaft aufbauen kann;
- bewusst Gott einzuladen und hinzuhören, was er im Hinblick auf unsere Nachbarn zu sagen hat;
- nach Gelegenheiten und Anknüpfungspunkten zu suchen, wie man das Evangelium erklären kann;
- sich umzuschauen, wo man Lasten mittragen kann.

Wenn ich bewusst missional unterwegs bin und mir mein Nachbar über den Weg läuft, werde ich stehen bleiben und das Gespräch suchen – und nicht gleich weitergehen! Es muss nicht lange sein (oft sind es nur ein paar Minuten), aber ich werde die Gelegenheit nutzen und mir die nötige Zeit nehmen. Und genau dadurch baue ich Beziehung. Und diese Beziehung ist die Brücke, auf der ich Inhalte transportieren kann, wenn es dann mal zu einem längeren Gespräch kommt. Wenn wir nicht „intentional" unterwegs sind, werden wir die Gelegenheiten nicht wahrnehmen!

Du wirst im Laufe der Zeit feststellen, dass dir ein paar missionale Praktiken leichter fallen als andere. Die Einen empfinden das „Gott einladen" und „Erklären" herausfordernder als andere Praktiken. Anderen fällt es vielleicht schwerer die Elemente des SEGELNs in die Praxis umzusetzen, wo es stärker um den Aufbau von Beziehungen geht. Das hängt auch stark vom jeweiligen Typ und den Gaben ab.

Für die Praktiken, die dir schwerer fallen, habe ich zwei Tipps:

- Tausche dich mit anderen aus, die dir in den betreffenden Praktiken voraus sind! Stelle ihnen Fragen und lerne von ihnen. Mach vielleicht sogar etwas mit ihnen zusammen!
- Bitte Gott, dir in deinen „schwachen Praktiken" zu helfen.

Und denke daran: Du musst nicht in eigener Kraft mit Leuten connecten oder sie segnen oder etwas von den anderen Dingen tun. Gott gibt uns Rückenwind durch seinen Heiligen Geist, damit wir SEGELN können! Die gute

Nachricht ist, dass Gott schon längst zu den Menschen unterwegs ist und schon an ihnen wirkt. Es gibt „Personen des Friedens", die von Gott schon vorbereitet sind! Jesus selbst sucht die Menschen, wie ein Hirte seine Schafe sucht – wobei er ganz besonders den verlorenen Schafen nachgeht. Wir sind also nicht in eigener Kraft unterwegs, sondern wir schließen uns Jesus an, der schon längst zu den Menschen unterwegs ist! Wir sind im Windschatten von Jesus unterwegs!

Ich habe eingangs geschrieben, dass „Praktiken" ein guter Weg sind, Werte, die uns wichtig sind, in die Praxis umzusetzen. Ich hoffe, du konntest in diesen vierzig Tagen schon etwas davon erleben. Mit Sicherheit wirst du erfahren haben, wie Jesus dich immer wieder aus deiner Wohlfühlzone gelockt hat – und wie du dadurch gewachsen bist!

Nachgedacht:

- Welche der genannten missionalen Praktiken fallen dir schwerer?
- Wen kennst du, der dir in diesen missionalen Praktiken voraus ist?

Umgesetzt:

- Mit wem willst du dich ganz konkret über missionale Praktiken austauschen bzw. mit ihm etwas zusammen machen?

Umgesetzt

BERICHT SHAREHOUSE

Die Atmosphäre ist besonders, als wir das Sharehouse Refugio in Berlin Kreuzkölln betreten. Man fühlt sich direkt wohl. Das liegt nicht nur an dem besonders hippen Design des Cafés, sondern auch an den unterschiedlichen Leuten, die man dort trifft. Jeder ist willkommen und das merkt man direkt. Und genau das steht auch im Fokus: Das Sharehouse Refugio ist ein Ort, an dem Berliner und Geflüchtete auf fünf Etagen zusammen leben, kochen, Dinge unternehmen – quasi eine Haus-WG.

Das Café, direkt von der Straße aus zugänglich, ist Treffpunkt für alle. Hier gibt es leckeren Kaffee und nette Mitarbeiter. Einer davon ist Georg. Er hat kürzlich angefangen im Café zu arbeiten. Am Refugio gefällt ihm, dass die Unterschiede der Menschen, die hier ein und aus gehen, in den Hintergrund treten, und man sich ganz auf Augenhöhe („Konvivenz“) mit den Geflüchteten bewegt.

Sharehouse ist Zuflucht und Heimat

Refugio ist ein Projekt, das von der Berliner Stadtmission ins Leben gerufen wurde - ursprünglich entstanden aus dem Sharehouse-Gedanken. Dieser wurde in Afrika entwickelt und fördert „Zuflucht, Gemeinschaft und Erneuerung für Weitenwanderer aller Kulturen". Geflüchtete haben hier einen Anknüpfungspunkt und finden Hilfe bei den alltäglichen Herausforderungen (egal ob bürokratisch oder zwischenmenschlich), die das Einleben in Deutschland mit sich bringt. Die Wohnungen im Haus werden zwischen 12 und 18 Monate an Deutsche und Geflüchtete vermietet - alle beteiligen sich am Leben im Haus und sind in verschiedene Programme eingebunden, die die Gemeinschaft im Haus und im Kiez fördern.

Regelmäßige Events wie Deutschkurse, Gitarrenkurse oder eine Nähwerkstatt finden im Refugio statt. An Unterhaltung mangelt es nicht. Kunst, Theater, Singen und Erzählen wird hier groß geschrieben. Jeden Sonntag werden die Räumlichkeiten vom Kreuzberg Projekt angemietet, die dort einen Gottesdienst feiern. Eins der Highlights ist aber mit Sicherheit die Dachterrasse mit tollem Blick über die Dächer der Stadt, auf der gelegentlich Singer & Songwriter ihre Künste zum Besten geben. Meist finden hier Veranstaltungen in Kooperationen mit anderen Initiativen statt, die sinnvoll mit Geflüchteten arbeiten. Durch eine Art Co-Working entstehen so neue soziale Unternehmen und Initiativen in der Stadt.

Sharehouse Perspektiven 2017

Sven, der mit Elke den Traum vom Sharehouse aus Afrika nach Berlin mitbrachte, möchte die Idee immer mehr zum Stadtkloster entwickeln, in dem Gäste bei Meditation innere Ruhe und Klarheit finden können. Elke und Sven haben sich auf ihrer Lebensreise auf die Spuren des „new monasticism" begeben – ein Mönch- und klösterliches Leben in Gemeinschaft im 21. Jahrhundert, um in dieser Form eine Christus Nachfolge heute zu leben. Anfang 2017 haben sie die Leitung abgegeben, um ihr Wissen an weitere Gründer von Sharehouse-ähnlichen Projekten weiterzugeben.

„Unser Traum ist, dass viele Sharehäuser entstehen, weil sie einfach und effektiv sind", sagt Sven. Momentan planen sie ein weiteres Sharehouse in Berlin speziell für Familien. Auch in Athen und Köln werden zurzeit Sharehäuser gestartet.

Das Refugio in Neukölln steht momentan unter der Leitung der Berliner Stadtmission.

Wer mal vorbei schauen möchte, findet das Refugio in der Lenausstraße 3-4 in Berlin Neukölln.

Jessica Martens, Berlin

NACHWORT: DAS GANZE ZU EINEM LEBENSSTIL MACHEN

Nun hast du dich 40 Tage damit beschäftigt, was es bedeutet, missional unterwegs zu sein. Und du hast angefangen, missionale Praktiken einzuüben.

Gratulation!

Um das Ganze zu einem Lebensstil zu machen, kann es dir helfen, dass ich die einzelnen missionalen Praktiken an Hand eines Akronyms vorgestellt habe.

So kann man sie sich leichter einprägen, besser merken, leichter umsetzen (weil man sie sich besser vergegenwärtigen kann) und besser überprüfen, ob man das, was einem „wert"-voll und wichtig ist, auch tatsächlich lebt und in die Praxis umsetzt.

Auf diese Weise ist es leichter, die einzelnen Praktiken in Gedanken durchzugehen und sie bewusst in das alltägliche Leben zu integrieren:

- Habe ich heute schon Gott gefragt, wie ich jemand **segnen** kann?
- Mit wem kann ich heute **essen** bzw. eine Beziehung aufbauen oder eine bestehende Beziehung vertiefen?
- Wo kann ich **Gott einladen**, etwas zu tun?

- Wem kann ich heute etwas über Gott **erklären**, und über was kann ich reden?
- Von welchen **Lasten** weiß ich, die Leute in meinem Beziehungsumfeld tragen, und was kann ich tun, um sie **mitzutragen**?
- Bei wem kann ich heute **nachfragen** und Interesse zeigen?

Man kann sicherlich nicht jede missionale Praxis täglich ausleben – dennoch kann Gott das Akronym nutzen und uns an ganz konkrete Dinge erinnern, die wir mit ihm zusammen tun können. So kann es viel leichter zu einem Lebensstil werden!

Ich wünsche dir viel Freude und Erfüllung dabei, an der „missio Dei" in dieser Welt teilzuhaben und im Windschatten von Jesus unterwegs zu sein. Jesus ist so groß, dass es nicht schwer ist, sich in seinem Windschatten zu bewegen. Und eines kann ich dir versprechen: Du wirst viel mit Jesus erleben! Du wirst Gott erfahren und auf einer viel tieferen Ebene kennenlernen als bisher. Lass dich auf das Abenteuer ein!

LITERATUR:

Bauer, Walter: Wörterbuch zum Neuen Testament. Walter de Gruyter, Berlin, 1971

Eldredge, John: Beautiful Outlaw. Experiencing the Playful, Disruptive, Extravagant Personality of Jesus. Faith Words, New York 2011

Eldredge, John: Der ungezähmte Messias. Über einen unwiderstehlichen Retter, der Ihr Herz erobern wird. Gerth Medien, Asslar, 3. Auflage 2015

Frost, Michael & Hirsch, Alan: Die Zukunft gestalten. Innovation und Evangelisation in der Kirche des 21. Jahrhunderts. Gerth Medien und c+p Verlag, Glashütten, 2. Auflage 2009

Gesenius Wilhelm: Hebräisches und aramäisches Handwörterbuch über das Alte Testament. Springer-Verlag, Berlin, Göttingen Heidelberg, 17. Auflage 1949

Gumbel, Nicky: Fragen an das Leben. Eine praktische Einführung in den christlichen Glauben. Gerth Medien, Asslar, 2. Auflage 2016

Hybels, Bill, Mittelberg, Mark: Bekehre nicht – lebe! So wird Ihr Christsein ansteckend. Projektion J Verlag, Wiesbaden 1995

Jenni, Ernst; Westermann, Claus: Theologisches Handwörterbuch zum Alten Testament, Band II. Chr. Kaiser Verlag, München, 3. Auflage 1984

Jeremias, Joachim: Die Gleichnisse Jesu. Vandenhoeck & Ruprecht, Göttingen, 11. Auflage 1998

Moltmann, Jürgen: Der gekreuzigte Gott. Das Kreuz Christi als Grund und Kritik christlicher Theologie. Kaiser Verlag, München, 7. Auflage 2002

Reimer, Johannes: Die Welt umarmen. Theologie des gesellschaftsrelevanten Gemeindebaus. Verlag der Francke-Buchhandlung, Marburg 2009

Sheldon, Charles M.: In seinen Fußstapfen. Gerth Medien, Asslar 1999

Singlehurst, Laurence: Sowing, Reaping, Keeping. People-Sensitive Evangelism. Inter-Varsity Press, Leicester, England, second edition 2006

Stuhlmacher, Peter: Biblische Theologie des Neuen Testaments. Band 1: Von Jesus zu Paulus. Vandenhoeck & Rupprecht, Göttingen, 3. Auflage 2005

Wimber, John + Springer, Kevin: Power Evangelism. Hodder & Stoughton, London, Sidney, Auckland 2001

Wimber, John + Springer, Kevin: Vollmächtige Evangelisation. Projektion J Verlag, Hochheim 1985

Yancey Philip: Where Is God When It Hurts? Zondervan, Grand Rapids, 1990

Zur Engel-Skala: http://www.hazelden.org.uk/pt02/art_pt068_modified_engel_full.htm

Wenn nicht anders angegeben, wurden die Bibelstellen der folgenden Übersetzung entnommen: Die Bibel nach Martin Luthers Übersetzung, revidiert 2017, © 2016 Deutsche Bibelgesellschaft, Stuttgart.

Andere verwendete Übersetzungen:

Elberfelder Bibel (Rev. 26) © 1985/1991/2008 SCM R.Brockhaus im SCM-Verlag GmbH & Co. KG, Witten (ELB)

Hoffnung für alle®, © 1983,1996, 2002, 2015 by Biblica, Inc.® (Hfa)

Lutherbibel, revidierte Fassung Text von 1984, ©1999 Deutsche Bibelgesellschaft Stuttgart (LÜ 1984)

Neue Genfer Übersetzung © Genfer Bibelgesellschaft, 3. Auflage 2013 (NGÜ)

Neues Leben. Die Bibel, © 2002 und 2006 SCM R. Brockhaus im SCM-Verlag GmbH & Co. Witten (NLB)

New American Standard, 1995 (NAS)

New Living Translation, 1998 (NLT)

New International Version®, NIV®, Copyright © 1973, 1978, 1984, 2011 by Biblica, Inc.® (NIV)

The Message/Remix. The Bible in Contemporary Language von Eugene Peterson, NavPress, 2003